Un verano misterioso

AF197812

Alice Mohrman

Un verano misterioso

Una aventura en México

Ernst Klett Sprachen
Stuttgart

1. Auflage   1 ¹⁰ ⁹ ⁸ ⁷ ⁶ | 2028 27 26 25 24

Alle Drucke dieser Auflage sind unverändert und können im Unterricht neben-
einander verwendet werden.
Die letzte Zahl bezeichnet das Jahr des Druckes. Das Werk und seine Teile sind
urheberrechtlich geschützt. Jede Nutzung in anderen als den gesetzlich zugelassenen
Fällen bedarf der vorherigen schriftlichen Einwilligung des Verlags.

Illustrationen: Sven Palmowski, Barcelona

Redaktion: Marcelo Rodríguez
Layoutkonzeption: Andreas Drabarek
Satz: Satzkasten, Stuttgart
Umschlaggestaltung: Andreas Drabarek
Titelbild: Shutterstock (Ragne Kabanova), New York
Druck und Bindung: Elanders GmbH, Waiblingen

Printed in Germany
ISBN 978-3-12-535658-0

Índice

1. El tío Tony

– Señoras y señores –interrumpió la voz de una camarera–. Hagan el favor de abrocharse los cinturones y de no fumar. Dentro de unos minutos llegaremos a Guadalajara. Gracias por haber viajado con nosotros.

¡Despiértate, Daniel! –exclamó Miriam, una muchacha delgada de pelo rojo. Estaba vestida a la última moda con una falda escocesa y una blusa blanca. Sus grandes ojos azules chispeaban de emoción.

Su hermano bostezó. Todavía se veía el sueño en sus ojos verdes. Llevaba anteojos modernos y estaba orgulloso de su pequeño bigote. Era alto, delgado y fuerte.

–Ya estamos bajando –dijo Daniel–. ¿Cómo vamos a saber quién es nuestro tío Tony? Hace muchos años que no lo hemos visto.

– No te preocupes. Yo le mandé una foto de nosotros –contestó Miriam.

Después de pasar por la aduana, los dos fueron al salón de espera. Se les acercó un hombre parecido a don Quijote: alto, delgado, de pelo cano, con una barbilla larga.

– ¡Bienvenidos a México! –les saludó. Era su tío Tony.

– ¿Tío Tony? –respondieron los dos a la vez.

– Sí, jóvenes. ¿Qué tal el viaje?

– Muy bien, tío. En el avión conocimos a un amigo tuyo, el señor Riofrío. Nos contó muchas cosas de Guadalajara.*

– Pues –dijo el tío Tony–, hablando del rey de Roma*… allí está en el banco.

---

3 **abrocharse los cinturones** die Gürtel anschnallen | 3 **dentro de unos minutos** in wenigen Minuten | 7 **a la última moda** nach der neuesten Mode | 7 **la falda escocesa** Kilt | 8 **la blusa** Bluse | 8 **Sus ojos chispeaban de emoción.** Ihre Augen sprühten vor Erregung. | 10 **bostezar** gähnen | 11 **los anteojos** *Am* Brille | 11 **orgulloso** stolz | 12 **el bigote** Schnurrbart | 17 **el salón de espera** Wartesaal | 18 **parecido a don Quijote** der wie don Quijote aussah | 19 **pelo cano** graues Haar | 19 **la barbilla** Kinn | 20 **¡Bienvenidos a México!** Willkommen in Mexiko!

* Siehe „Landeskundliche Anmerkungen" auf Seite 85.

Miraron hacia la oficina del Banco Nacional del México y vieron al señor Riofrío, un hombre moreno y distinguido. Estaba esperando para cambiar su dinero. Los tres se acercaron al banco.

Rogelio, ¿qué tal? –preguntó el tío Tony–. Ya conoces a mis sobrinos, ¿verdad?

– Sí, ya nos conocimos –el señor Riofrío sonrió–. Me dijeron que van a pasar el verano aquí contigo. ¡Qué suerte tienen!

Los jóvenes decidieron cambiar su dinero también y, así, los cuatro se quedaron charlando cerca del banco. De repente, el tío Tony miró fijamente a un grupo de personas que acababa de llegar y, sin una explicación, preguntó a Rogelio Riofrío:

– ¿Puedes tú llevar a mis sobrinos a casa? Tengo que irme inmediatamente.

Corrió a la puerta más cercana y desapareció. El señor Riofrío y los dos jóvenes se quedaron parados, muy sorprendidos.

– ¿Qué le pasó? –preguntó Daniel.

– No sé –comentó Miriam–. ¿Vieron ustedes a quién miró?

– Parece que vio al hombre alto y rubio que salió antes que él –comentó Daniel–. Pero no estoy seguro.

– Ni yo tampoco –comentó Rogelio Riofrío–. Pues, cambien su dinero y nos vamos a casa.

Los tres subieron al coche del señor Riofrío. Camino de la casa, pasaron por algunas de las bellas avenidas de la ciudad.

Miriam le preguntó al señor Riofrío:

– Usted es amigo de nuestro tío. Cuéntenos, ¿cómo es? Hace diez años que no lo vemos.

– Pues, Antonio es muy amigo mío. Es siempre muy amable. Todavía es soltero y sale a menudo con una gran cantidad de mujeres. Conoce a casi toda la «alta sociedad» de Guadalajara. Me dijo

---

2 **moreno** schwarzhaarig | 2 **distinguido** vornehm | 10 **mirar fijamente** anstarren |
12 **inmediatamente** sofort | 14 **cercano** nahe | 15 **quedarse parado** stehen bleiben |
22 **camino de** unterwegs zu | 23 **la avenida** Allee | 28 **a menudo** häufig

una vez que era hombre de negocios de Wall Street en Nueva York
hace veinte años, y que dejó su trabajo allá porque no le gustaba
la vida apresurada. Vino a México para pintar, descansar y pensar. En muy poco tiempo se enamoró de Guadalajara y se quedó
aquí. Ahora pasa sus días pintando y sus noches divirtiéndose con
sus amigos. Ustedes van a divertirse mucho con él. ¿Piensan pasar
todo el verano aquí?

– Sí –contestó Miriam–. Tengo ganas de conocer bien Guadalajara. En el avión usted nos habló de tantas cosas interesantes: los
monumentos, las plazas bonitas, las casas coloniales y los edificios
modernos, el mercado, los mariachis…* Daniel se rio del «super-
entusiasmo» de su hermana.

El coche dio la vuelta y entró en una de las bonitas colonias de
las afueras de la ciudad. Los hermanos observaron las casas grandes y elegantes.

– Aquí estamos –comentó el señor Riofrío–. Bajen y les presento
a la criada, Esperanza. Ella les ayuda a arreglar sus cosas.

En voz baja, Daniel comentó a Miriam:

– Nunca pensé que íbamos a empezar nuestra visita con un
amigo de tío Tony en vez de con él mismo. Todo esto me extraña
muchísimo.

---

1 el hombre de negocios Geschäftsmann | **3 apresurado** *hier:* hektisch | **10 la casa colonial**
Haus aus der Kolonialzeit | **13 El coche dio la vuelta.** Der Wagen bog (um die Ecke). | **13 la**
colonia *hier:* Siedlung | **14 las afueras** die Vororte | **17 la criada** Hausmädchen | **20 Me**
extraña muchísimo. Es wundert mich sehr.

Preguntas

1. ¿Cómo es Miriam?
2. ¿Puede usted describir a Daniel?
3. ¿Quién saluda a Miriam y Daniel en el salón del aeropuerto? ¿Cómo es?
4. ¿Qué hacen Miriam y Daniel antes de salir del aeropuerto?
5. ¿Está casado el tío Tony?
6. ¿Por qué fue el tío Tony a vivir en Guadalajara?
7. ¿Qué vida lleva el tío Tony?

Conversación

1. ¿Puede usted contar algo de su último viaje en avión o en tren?
2. ¿Puede usted describir la calle donde vive?

2. Un mercado mexicano

– Pues, ¿dónde estará tío Tony esta mañana? – preguntó Miriam a su hermano. Los dos hermanos llevaban ya una semana en Guadalajara, pero casi no habían visto a su tío. Cuando estaba con ellos, les parecía preocupado.

– Es algo misterioso –comentó Daniel, un poco irritado–. Pero no importa. Sólo estoy seguro de que no quiero pasar todo el verano aquí en el patio de la casa. ¿Por qué no… ?

En este momento sonó el timbre. Esperanza, la criada, llegó al patio acompañada de una muchacha de la misma edad que Miriam.

– Daniel y Miriam Summers, quiero presentarles a Elena Encanto. Es nuestra vecina de enfrente.

– Mucho gusto –saludaron Miriam y Daniel a la vez. Al ver a esta joven baja con pelo largo y negro, Daniel se animó. La miró con mucho interés mientras ella preguntaba:

– ¿Qué pasa con el señor Amoroso? Hace dos semanas que no lo veo.

– No sabemos –dijo Miriam–. Hace una semana que llegamos, pero casi no lo hemos visto. Todos nos han dicho que tío Tony es muy amable y que vamos a hacer muchas cosas con él. Pero, en realidad, hemos pasado casi todo el tiempo solos aquí en la casa o andando por las calles de la colonia.

– ¡Qué barbaridad! –exclamó Elena–. Hay que remediar esto. ¿Quieren acompañarme ahora al Mercado Libertad? Está al aire libre… y es el mercado más grande de Guadalajara. Allá no hay precios fijos. Tendrán que regatear. Vamos, ¿eh?

– ¡Sí, vamos! –dijo Miriam, muy entusiasmada.

3 **Ya llevaban una semana en…** Sie waren schon seit einer Woche in … | 6 **misterioso** geheimnisvoll, unheimlich | 6 **comentar** kommentieren | 6 **irritado** irritiert | 9 **Sonó el timbre.** Es läutete. | 10 **acompañada de** in Begleitung von | 14 **Mucho gusto.** Sehr erfreut. | 24 **¡Qué barbaridad!** Unglaublich! | 24 **Hay que remediar esto.** Da muss man Abhilfe schaffen. | 27 **regatear** feilschen | 28 **entusiasmado** begeistert

Un poco más tarde llegaron los tres al mercado, construido cerca del centro de Guadalajara. Era distinto de otros mercados: era moderno y tenía varios pisos. Se vendía de todo: carne, flores, frutas y aun joyas. Fascinada, Miriam vio también zapatos, ollas, jarras de barro, canastas. Iban hacia un puesto de la juguetes cuando, de repente, Elena se paró y exclamó:

– ¡Miren! ¡Allí está el señor Amoroso! Y, ¡fíjense! Está con Marta Millón.

– ¿Marta Millón? ¿Quién es esa Marta Millón? –preguntó Daniel.

– ¿Ven a aquella linda mujer al lado de su tío? – continuó Elena –. Es una de las mujeres más ricas y más famosas de la alta sociedad de Guadalajara.

– Es elegantísima –dijo Miriam–. A mí me gustaría ser hermosa y delgada y tener este collar de perlas tan lindo.

– Pues –sonrió Daniel–, ahora entiendo por qué el tío prefiere salir con ella en vez de con nosotros. Pero, ¿por qué no nos dijo nada de ella?

– ¿Será un noviazgo secreto? –comentó Miriam.

– Pero ya se fueron y aquí estamos cerca de mil cosas para comprar. ¡Miren los baleros! ¡Qué buen juguete para nuestro hermanito! ¿Verdad, Daniel?

Sin esperar la respuesta, Miriam le dijo al vendedor:

– Buenas tardes. ¿Cuánto vale este balero?

– ¿Éste? –le preguntó el vendedor–. Vale diez pesos.*

– ¿Diez pesos? Es muy caro. Le doy un peso.

– Un peso. ¡Qué ridículo! Cuesta ocho pesos.

– Es mucho. Le doy dos pesos.

– Señorita, le doy un precio muy barato: solamente seis pesos.

---

4 **fascinado** fasziniert | 5 **la olla** *hier:* Tontopf | 5 **jarra de barro** Tonkrug | 5 **la canasta** Korb | 7 **¡Fíjense!** Stellen Sie sich vor! | 11 **lindo** hübsch | 15 **el collar** Halskette | 15 **la perla** Perle | 19 **el noviazgo** feste Freundschaft | 21 **el balero** *Mex* Fangbecherspiel | 23 **la respuesta** Antwort | 23 **el vendedor** Verkäufer

– Todavía es caro. Le doy tres pesos y nada más.

– Pues, señorita, es imposible. Cinco pesos es mi precio mínimo. Es un precio especial para usted.

Miriam le preguntó a Elena en voz baja:

– ¿Qué crees? ¿Le pago cinco pesos?

Elena respondió, también en voz baja:

– Tres pesos es un buen precio. El vendedor cree que no sabes regatear y que vas a pagar demasiado. No vale más de tres pesos.

Miriam dijo con énfasis al vendedor: –Pues, señor, tres pesos es el máximo.

– Lo siento, señorita. No puedo bajar mi precio más. Tengo que ganarme la vida.

– Entonces, adiós –dijo Miriam y salieron los tres.

Unos momentos más tarde, caminando hacia la salida del mercado, oyeron un grito.

– Señorita, señorita. ¡Tres pesos! Está bien. ¡Tres pesos! Está bien.

Era el vendedor de juguetes.

– Miriam buscó su dinero en el enorme bolso de paja que llevaba y le pagó los tres pesos. Se rieron todos y caminaron hacia la parada de camiones.

---

2 **el precio mínimo** Mindestpreis | 9 **con énfasis** Nachdruck | 10 **el máximo** das Höchste | 19 **el bolso de paja** Strohtasche | 21 **el camión** *Mex* Autobus

Preguntas

1. Durante su primera semana en México, ¿han visto mucho los jóvenes a su tío?
2. ¿Quién es Elena? ¿Cómo es?
3. ¿Cómo han pasado Miriam y Daniel su primera semana en Guadalajara?
4. ¿Cómo es el mercado "Libertad"?
5. ¿Qué se vende en ese mercado?
6. ¿Quién es Marta Millón? ¿Quién está con ella?
7. ¿Qué quiere comprar Miriam? ¿Qué pasa con el vendedor?
8. Al salir del mercado, ¿quién corre hacia ellos? ¿Por qué?

Conversación

1. ¿Es costumbre regatear también en su país? ¿Cuándo?
2. ¿Puede usted describir un mercado de su ciudad?

3. Estudiantes y toreros

Sonó el teléfono. Desde el comedor, Miriam y Daniel pudieron oír a su tío hablando en tono de sorpresa:

– ¿Cómo? ¿Marta no es la única? ¿Estás seguro? Sí… Sí… Bueno…

En este momento el tío Tony cerró la puerta.

– ¿Qué le pasa? –preguntó Miriam–. Parece que tío Tony está preocupado.

– No sé –dijo Daniel–, pero estoy aburrido con todo esto. El tío se porta de una manera muy extraña. ¡Y tú! ¡Las compras! ¡Ya conoces a todos los vendedores del mercado! No aguanto más. Voy al centro.

– ¿Solo? –le preguntó Miriam con una sonrisa irónica.

– ¿Por qué no vienes con Elena y conmigo? Pensamos ir a la modista esta mañana y luego a visitar a la tía de Elena. Después vamos a la peluquería. ¿No quieres acompañarnos?

– ¡Claro que no! ¡A la peluquería! ¡Caramba! – respondió Daniel exasperado–. No sé adónde voy, pero voy solo.

El tío Tony entró al comedor y preguntó distraídamente:

– ¿Vas a salir, Daniel? Pues… diviértete.

Y, sin decir más, salió de la casa.

Daniel cogió su cámara y se fue a la esquina para esperar el camión. Cuando llegó el camión, no paró. Se abrió la puerta y Daniel tuvo que saltar para entrar.

– ¿Qué pasa? ¿Por qué no paró el camión para mí? –le preguntó, un poco enojado, al chofer.

---

9 **Estoy aburrido con todo esto.** Mich langweilt diese Geschichte. | 10 **portarse** sich benehmen | 10 **las compras** Einkäufe | 11 **No aguanto más.** Ich halte es nicht mehr aus. | 13 **la sonrisa** das Lächeln | 13 **irónico** ironisch | 14 **la modista** Schneiderin | 16 **la peluquería** Friseurladen | 17 **¡Claro que no!** Auf keinen Fall! | 17 **¡Caramba!** Mensch! | 18 **exasperado** irritiert | 19 **distraídamente** in Gedanken | 22 **la cámara** der Fotoapparat | 26 **el chofer** *Am* Fahrer

– Los camiones no se paran para los hombres, solamente para las mujeres –le explicó el chofer.

– ¡Caramba! ¡Por poco me mata! –Todavía respirando hondo, Daniel preguntó: –¿Cuánto es el boleto?

5 – Cuarenta centavos.

Daniel sacó dos billetes de veinte y pagó.

Poco después, el camión llegó al centro. Pasó la catedral, el teatro, el Palacio del Gobierno y las plazas principales. Daniel bajó del camión en una plazuela a tres cuadras de la catedral. Se sentó

10 en una banca debajo de un árbol grande para planear su día. Por todos lados había limpiabotas, mujeres vendiendo billetes de lotería y niños jugando a la pelota. En la banca a la izquierda de Daniel estaba sentado un joven muy delgado, de su edad. Estaba leyendo el periódico. Tenía el pelo largo y llevaba ropa vieja, aunque no

15 parecía pobre. Había un pedazo de tela roja a su lado.

El joven alto notó que Daniel lo estaba observando y le preguntó:

– ¿Eres aficionado también?

– ¿Aficionado? –le preguntó Daniel–. ¿Aficionado a qué? ¿Qué

20 es esa tela roja a tu lado?

El otro se rio y le explicó: –Esta tela es mi muleta. Soy aficionado a los toros. Dentro de poco voy a reunirme con unos amigos en la pequeña plaza de toros cerca de aquí. No somos profesionales pero nos fascinan los toros.

25 – Me gustaría saber algo de los toros –exclamó Daniel.

– ¿Quieres compañarme a la plazuela ahora?

– ¡Cómo no! A propósito, me llamo Daniel Summers. Estoy aquí de visita. Y tú, ¿cómo te llamas?

---

3 **¡Por poco me mata!** Beinahe hätten Sie mich umgebracht! | 3 **respirar hondo** tief atmen | 4 **el boleto** *Am* Fahrkarte | 9 **la plazuela** kleiner Platz | 9 **la cuadra** *Am* Häuserblock | 10 **la banca** *Am* Sitzbank | 10 **planear** planen | 10 **por todos lados** überall | 11 **el limpiabotas** Schuhputzer | 11 **el billete de lotería** Lottoschein | 18 **el aficionado** Anhänger, Fan | 19 **¿Aficionado a qué?** Anhänger wovon? | 21 **la muleta** kleines Reiztuch | 23 **la plaza de toros** Stierkampfarena | 23 **el profesional** Profi | 24 **fascinar** faszinieren | 27 **¡Cómo no!** *bes. Am* Aber sicher! | 27 **a propósito** übrigens

– Soy Paco Puñalado.

Los muchachos caminaron unas cuadras antes de llegar a la pequeña plaza. Detrás de la plaza, Daniel vio un grupo de jóvenes haciendo como que toreaban con varios aparatos extraños. Algunos practicaban con el estoque. El «toro» era un aparato de metal con cabeza de cuero y madera. Unos imitaban al toro mientras otros daban pases con la capa.

– Como te dije –explicó Paco–, mis amigos y yo somos aficionados a los toros. La mayoría de nosotros somos universitarios. Yo soy estudiante de la Facultad de Ingeniería.

Daniel preguntó a Paco:

– ¿De veras? ¿Son estudiantes? ¿Y tienen corridas de toros aquí?

– Pues, sí. Una vez al año uno de nosotros compra un torito y participamos en una corrida. En quince días voy a ser matador en la corrida aquí. Te invito.

– Muchas gracias –respondió Daniel con entusiasmo.

– Pues, si te interesa, puedes ayudarme ahora. Quédate aquí. Imita al toro mientras practico mis «naturales». Los jóvenes practicaron por unas horas. Incluso Daniel ejecutó varios pases con la capa.

– ¡Ay, mira la hora! –exclamó Daniel de repente–. Tengo que regresar para comer. ¡Ya son las dos! ¿Dónde tomo el camión?

Paco le mostró la parada de camiones.

– Dame tu número de teléfono. Nos reunimos pronto. ¿Está bien? Adiós.

– Hasta pronto –le dijo Daniel con una sonrisa, y subió al camión.

---

4 **haciendo como que toreaban** und sie taten so, als würden sie mit einem Stier kämpfen |
5 **el estoque** Stoßdegen | 6 **el cuero** Leder | 7 **dar pases** den Stier vorbeilaufen lassen |
7 **la capa** großes Reiztuch | 9 **el universitario** Student | 10 **la Facultad de Ingeniería**
die Ingenieurfachschule | 12 **de veras** im Ernst | 12 **la corrida de toros** Stierkampf |
14 **participar en** teilnehmen an | 14 **el matador** Stierkämpfer | 18 **el natural** *eine Grundfigur des Stierkampfes* | 19 **incluso** sogar | 23 **la parada** Haltestelle

Sentado en el camión, Daniel cerró los ojos y pensó en los sucesos de la mañana. Estaba distraído y no se dio cuenta de que había pasado su parada, hasta que vio el campo por las ventanas.

– Ahora, ¿qué hago? –se dijo.

Mientras pensaba en su dilema, el camión paró cerca de una casita en el campo. No había nadie en el camión, excepto el chofer y, en este momento, él también bajó. Le gritó a Daniel:

– Aquí termina el viaje. ¿No va a bajar?

– Se me pasó la parada que quería. ¿Qué hago ahora? –le preguntó Daniel.

Espere usted media hora. Voy a regresar por las mismas calles.

– Gracias –le dijo Daniel, sintiéndose algo mejor. Pensaba: –Voy a llegar tardísimo para la comida. Todos estarán muy preocupados.

Una hora después, Daniel entró a la casa, pero nadie estaba allí.

– ¿Dónde están mi tío y mi hermana? –le preguntó a la criada.

Esperanza contestó muy cortés:

– Su hermana come hoy con la familia de Elena, y el señor Amoroso salió con la señora de Millón para comer afuera. La señora de Millón vino esta mañana. Usted sabe que el señor Amoroso está pintando su retrato, ¿no? Pues, después de trabajar, salieron los dos. Es curioso, jamás he visto al señor Amoroso portarse así. Nunca tiene tanto interés en una mujer.

Pero, con esa señora de Millón…, ¡Dios mío!

– ¡No me diga! –respondío Daniel. Comiendo solo, pensó: –¡El primer día en que tengo algo que decir, y no hay nadie en casa para escucharme! Pues, así es la vida. Daniel Summers… matador de toros… Hum… No suena mal…

---

2 **distraido** zerstreut | 5 **el dilema** Dilemma | 9 **Se me pasó la parada.** Ich habe die Haltestelle verpasst. | 13 **tardísimo** sehr spät | 17 **cortés** höflich | 21 **el retrato** Porträt | 25**¡No me diga!** Was Sie nicht sagen! | 28 **No suena mal.** Es hört sich gut an.

Preguntas

1. ¿Adónde van Miriam y Elena? ¿Adónde va Daniel?
2. ¿Por qué no para el autobús cuando Daniel quiere subir?
3. ¿Puede usted describir el centro de Guadalajara?
4. ¿Con quién habla Daniel? ¿De qué hablan?
5. ¿Adónde van Daniel y Paco?
6. ¿Se trata de auténticos toreros?
7. ¿Qué la pasa a Daniel en el camión al regresar a casa?
8. ¿Por qué está desilusionado Daniel cuando llega a casa?
9. ¿Por qué está tan sorprendida la criada?

Conversación

1. ¿Podría usted presentar dos o tres argumentos a favor y en contra de la corrida de toros?
2. Usted quiere comenzar una conversación con una persona desconocida. ¿Puede improvisar un diálogo, de palabra o por escrito?

4. Un paseo en calandria

– ¿Un matador? ¡Qué romántico! –exclamó Miriam cuando oyó a su hermano hablar de Paco Puñalado –.

¿Cómo es? ¿Es guapo? ¿Es alto?

– ¡Ay, Miriam! En primer lugar, no es matador. Es estudiante, aficionado a los toros. Es bastante bien parecido: tiene los ojos negros, pelo largo, moreno; es alto y muy delgado. ¿Qué te importa?

– ¡¿Qué me importa?! ¡Prefiero un amigo guapo!

– ¡Miriam! Olvidas que es mi amigo, ¡no es tu novio!

– Pero, ¿quién sabe? Es posible. Sería muy romántico conocer Guadalajara con un matador de toros…

– ¡Ay, Miriam! ¡Eres imposible!

– Señor Summers –anunció Esperanza–, tiene usted una llamada por teléfono.

Daniel contestó la llamada:

– Bueno.* Hola, Paco. ¿Qué tal? ¿Cómo estás? Sí… sí…

Miriam escuchó la conversación con una expresión de alegría en la cara.

– Sí, déjame preguntar –continuó Daniel–. Miriam, Paco quiere saber si queremos encontrarnos en la Plaza de Armas. Dice que esta noche pasa algo que debemos ver. ¿Quieres ir con nosotros?

– ¡Claro! Con Paco…, matador de toros…

– ¿Paco? Sí, vamos. Claro… Hasta luego.

Colgó el aparato y dijo: –Miriam, invita a Elena a ir con nosotros.

– ¿Por qué, Daniel? ¿Eres demasiado tímido para invitarla tú?

Daniel no contestó.

---

1 **el paseo** *hier:* Spazierfahrt | 1 **la calandria** *Mex* Pferdekutsche | 2 **romántico** romantisch | 6 **Es bastante bien parecido.** *Am* Er sieht ziemlich gut aus. | 13 **la llamada por teléfono** Anruf | 16 **¡Bueno!** *Mex:* Hallo! *(am Telefon)* | 24 **Colgó el aparato.** Er legte den Hörer auf.

Más tarde Miriam, Elena y Daniel llegaron a una bonita plaza frente al Palacio del Gobierno, un edificio colonial en el centro de la ciudad. Había muchos árboles, bancas y flores. En el centro de la plaza había un kiosco. Una banda tocaba. Se sentaron los tres para esperar a Paco. Fascinados, Miriam y Daniel se dedicaron a observar a toda la gente en la plaza.

– ¿Qué pasa? –le preguntó Daniel a Elena. –Es una vieja costumbre mexicana que todavía se practica aquí en Guadalajara. Los jóvenes se pasean alrededor del kiosco en una dirección y las muchachas en la dirección opuesta. Fíjense, de vez en cuando algunos se miran, y otros se saludan. A veces un joven se acerca a una señorita y los dos se pasean juntos.

– ¡Qué romántico! –exclamó Miriam.

– Pues, sí, es una costumbre muy romántica –añadió Elena, echando una mirada a Daniel–. Desafortunadamente para los jóvenes, las madres de las muchachas también están aquí, sentadas en las bancas, vigilando a las hijas. A propósito, Daniel –dijo Elena con una cara de pícara–, ¿no crees que las tapatías son las muchachas más bonitas que has visto?

– Las tapa… ¿qué?

– Tapatías. Así se llama a las muchachas de Jalisco.*
¿No crees que son las más bonitas?

– Pues, no sé –dijo Daniel, muy incómodo.

Afortunadamente para él, en este momento llegó Paco.

– ¡Hola! ¿Cómo estás, Daniel? –saludó Paco, dándole la mano–. Preséntame a estas muchachas encantadoras.

– ¡Cómo no! Miriam, Elena, quiero presentarles a mi amigo Paco Puñalado. Paco, ésta es mi hermana Miriam y ésta es nuestra amiga Elena.

---

2 **el edificio colonial** Gebäude aus der Kolonialzeit | 4 **el kiosco** Kiosk | 4 **la banda** Musikkapelle | 10 **opuesto** entgegengesetzt | 10 **de vez en cuando** ab und zu | 15 **desafortunadamente** leider | 18 **con cara de pícara** spitzbübisch | 24 **afortunadamente** zum Glück | 26 **encantador** entzückend

Paco miró primero a Elena, que llevaba un vestido azul, senci-
llo y elegante. Después miró a Miriam, con su vestido de colores
vivos.

Sonrió y dijo:

– Mucho gusto. ¿Han visto el paseo? ¿Qué les parece?

– ¡Es muy romántico! –contestó Miriam, mirando a Paco.

– Pues, si ya han visto de todo –dijo Paco con una sonrisa–,
vamos a dar una vuelta en calandria, otra costumbre de Guadalajara.

– ¿Calandria? ¿Qué es eso? –le preguntó Daniel.

– Vas a ver. Vamos.

Los jóvenes caminaron alrededor del kiosco, cruzaron la calle
y llegaron a la Catedral. Este edificio fue construido en diferentes
estilos de arquitectura porque se tardó trescientos años en termi-
narlo.

Al lado de la Catedral vieron un coche de caballos.

Los cuatro subieron a la calandria y lentamente se dirigieron a
otra plaza. Al acercarse a la plaza, vieron la llegada de pequeños
grupos de hombres, todos vestidos de charros y llevando instrumentos musicales. En la distancia pudieron oír a varios grupos
tocando distintas canciones.

– ¡Ay, qué ruido! –dijo Daniel.

– ¡Qué bonita música! ¡Qué romántica! –exclamó Miriam–.
¿Quiénes son? Y los instrumentos que tocan, ¿qué son?

Paco les explicó: –Estos hombres son mariachis. Un grupo de
mariachis consta de tres a doce hombres. Casi todos tocan instrumentos de cuerda: violines y guitarras. También hay trompetas.
Bajamos aquí para escuchar un rato.

---

8 **dar una vuelta** *hier:* eine Spazierfahrt machen | 13 **la catedral** Kathedrale | 13 **diferentes
estilos de arquitectura** verschiedene Baustile | 16 **el coche de caballos** Pferdekutsche |
17 **lentamente** langsam | 19 **el charro** *Mex* Mann vom Lande (*in typischer Reitertracht)* |
26 **constar de** bestehen aus | 26 **el instrumento de cuerda** Saiteninstrument | 27 **el violín**
Geige | 27 **la guitarra** Gitarre | 27 **la trompeta** Trompete

Los cuatro bajaron de la calandria y encontraron un lugar para sentarse en la plaza. De repente Miriam exclamó:

– Miren. ¿No es aquella mujer la que vimos con tío Tony en el mercado?

– ¡Sí! Es Marta Millón –dijo Elena–. ¡Fíjense! Está con otro hombre y parece que están enamorados.

– ¡Qué barbaridad! –dijo Daniel.

– ¡Parece que tú estás celoso del tío Tony! –se burlaron los otros.

– Tío Tony tiene muchas amigas, Daniel. No te preocupes, él no está enamorado de nadie. No le molesta mucho si la señora de Millón sale con otro.

– Al contrario –dijo Daniel muy serio–. El otro día Esperanza me contó que jamás ha visto a tío Tony enamorarse de nadie… hasta ahora. Ella cree que nuestro tío está muy enamorado de Marta Millón… ¡Y aquí está Marta Millón con un hombre rubio!

– ¡Pobre tío! –murmuró Miriam–. La primera vez que se enamora de una mujer y ella lo traiciona!

– Sí, es verdad. Pero no podemos hacer nada –dijo Elena –. Escuchamos la música, ¿eh?

Los jóvenes pasaron más de una hora mirando a los enamorados y escuchando la música de los mariachis. Por fin, se despidieron de Paco y regresaron a casa.

De repente, empezó a llover con una fuerza tremenda, y así llegaron a casa muy mojados.

Cuando tío Tony les abrió la puerta, estaba enojado con ellos.

– ¿Dónde han estado? ¿Por qué no estuvieron aquí para conocer a Ramón?

– ¿A Ramón? –preguntaron Miriam y Daniel a la vez ¿Quién es Ramón?

---

6 **enamorado (de)** verliebt (in) | 8 **celoso** eifersüchtig | 17 **murmurar** murmeln |
18 **traicionar** verraten | 24 **tremendo** *hier:* enorm | 26 **enojado con** böse auf

– ¿No les dije? –exclamó el tío, sorprendido–. Perdón. Se me olvidó mencionarlo. Ramón es nieto de Rogelio Riofrío. Viene a estudiar en la Universidad de Guadalajara. Va a quedarse aquí.

Entraron en la sala donde estaba sentado un muchacho moreno, bajo y un poco gordo. Sin embargo, se podía decir que era guapo y tenía un aspecto elegante.

Todos se saludaron y hablaron a la vez. Estaban conversando cuando, después de ver un rayo tremendo y oír el tronar, se fue la luz.

– ¡Caramba! ¡La electricidad! –se quejó tío Tony–. Cada vez que llueve a cántaros, se nos va la luz. Me acuesto. Buenas noches, jóvenes.

Tío Tony se fue a dormir pero Daniel y Miriam se quedaron hablando con su nuevo amigo hasta muy tarde, solamente a la luz de una vela.

---

1 **Se me olvidó mencionarlo.** Ich habe vergessen, es zu erwähnen. | 7 **conversar** plaudern | 8 **el rayo** Blitz | 8 **tronar** donnern | 8 **Se fue la luz.** Der Strom fiel aus. | 10 **la electricidad** die Elektrizität | 11 **Llueve a cántaros.** *(llover)* Es regnet in Strömen. | 11 **a la luz de una vela** bei Kerzenlicht

Preguntas

1. ¿Quién llama por teléfono? ¿Qué quiere saber?
2. ¿A quién quiere invitar Daniel?
3. ¿Puede usted explicar la costumbre del paseo en Guadalajara?
4. ¿A quién ven los jóvenes en la plaza?
5. ¿Es celoso el tío Tony? ¿Por qué?
6. ¿Por qué está enojado el tío Tony cuando los muchachos regresan a casa?
7. ¿Quién es Ramón?

Conversación

1. ¿Piensa usted que ser celoso es algo malo? ¿Por qué? ¿Por qué no?
2. ¿Puede usted hablar sobre el clima de su ciudad en invierno?

5. Una serenata

– Laquetape… Quelatapque… Paquelatque… ¿Adónde vamos hoy, tío? – preguntó Daniel.

– Tlaquepaque.

– El tío Tony les explicó:

– Es un pueblito conocido por su artesanía. Allá van a ver muchas cosas que les interesarán: la fábrica de vidrio soplado, las alfarerías, las joyerías y otras tiendas de artesanos. Lleven bastante dinero. Seguramente van a comprar mucho.

Más tarde, cuando los cinco jóvenes llegaron a Tlaquepaque, decidieron dividirse en dos grupos y reunirse después en un café.

Daniel, Paco y Ramón fueron primero a la fábrica de vidrio soplado. Pasaron media hora observando a los artesanos hacer platos, vasos y jarras de vidrio soplado.

– ¡Parece muy fácil! –opinó Ramón.

– Te aseguro que no es nada fácil. Es que los artesanos aprendieron su oficio de niños; sólo después de muchos años de práctica pueden trabajar con tanta destreza y rapidez –explicó Paco.

– ¿Van a comprar algo? –les preguntó Ramón.

– Yo no –dijo Paco.

– Ni yo tampoco –dijo Daniel–. Estoy seguro de que mi hermana compra suficiente para nosotros. Vamos a ver la cerámica.

Entraron en una alfarería. Colocados en todas partes había jarras, platos, azulejos, vasos y floreros – todos hechos y pintados a mano. Un hombre viejo estaba sentado en el suelo pintando un plato.

– Se dice que cada diseño es original –explicó Paco–. La cerámica de Tlaquepaque es famosa.

---

1 **la serenata** Ständchen | 6 **la artesanía** Kunsthandwerk | 7 **el vidrio soplado** mundgeblasenes Glas | 8 **la alfarería** Töpferei | 8 **la joyería** Juwelierladen | 8 **el artesano** Kunsthandwerker | 17 **de niño(s)** als Kind(er) | 18 **la destreza** Geschicklichkeit | 18 **la rapidez** Schnelligkeit | 22 **la cerámica** Keramik | 24 **el azulejo** Kachel | 24 **el florero** Blumenvase | 24 **pintado a mano** handgemalt | 27 **el diseño** Muster

– Si ustedes no quieren comprar nada, vamos al café –dijo Daniel–. Tengo mucha hambre y estoy cansado de ver tantas cosas.

Mientras tanto, como Daniel sospechaba, Miriam había comprado un montón de cosas. Las muchachas habían ido primero a las joyerías. A Miriam le encantaban las joyas de plata. Compró varios anillos y aretes.

– ¿Este broche está hecho a mano? –le preguntó a Elena.

– ¡Claro! Los joyeros de México son famosos por todo el mundo. Usan muchos diseños distintos. El hacer joyas es un arte popular muy antiguo. Ya los aztecas hacían objetos muy finos de plata.

Después de visitar las joyerías, las muchachas fueron a la fábrica de vidrio soplado y a las alfarerías. Cuando por fin llegaron al café, era imposible ver a Miriam y a Elena detrás de los inmensos bolsos y paquetes que llevaban. Sobre los paquetes sólo se podía ver el pelo rojo de Miriam y el pelo moreno de Elena.

– ¡Miriam! ¿Dejaste algo para la gente que va de compras mañana? –se burlaron los tres muchachos.

– Al contrario –respondió Miriam–, hay mucho que no compré. Quiero regresar otro día para comprar una jarra de vidrio azul, unos broches de plata para mi mamá y mis tías, unos azulejos y…

– ¡Basta, Miriam! ¿Quieren un refresco, muchachas? –les preguntó Daniel.

– ¡Sí! Tenemos mucha sed –respondieron.

Mientras tomaban los refrescos, llegó un grupo de mariachis. Los jóvenes estaban contentos, tomando sus refrescos y escuchando la música. Después de un rato, Ramón les dijo:

– Dispénsenme un momento, amigos.

---

6 **encantar** sehr gut gefallen | 7 **el arete** *Am* der Ohrring | 8 **el broche** Brosche | 9 **el joyero** Juwelier | 10 **el arte popular** Volkskunst | 17 **ir de compras** einkaufen gehen | 20 **el vidrio** *bes. Am* Glas | 22 **el refresco** Erfrischungsgetränk | 28 **Dispénsenme un momento.** Entschuldigen Sie mich einen Augenblick.

Pasaron unos minutos y Paco también salió para hacer algo. Cuando los dos regresaron a la mesa ni Ramón ni Paco explicaron nada. Estaban sonriendo misteriosamente como si tuvieran algún secreto.

Los muchachos pasaron casi toda la tarde en el café hablando y escuchando los «jarabes» y más música típica de Jalisco.

Durante la conversación Ramón les preguntó:

– A propósito, ¿qué pasa con tío Tony?

– ¿Por qué preguntas esto? –respondió Daniel.

– Pues, anoche sentí que interrumpí algo importante cuando regresé a casa. Muchos papeles estaban tirados por la mesa del comedor: información sobre minas, inversiones de dinero, bancos… Y algo que me extraña aún más: las páginas de sociedad de varios periódicos. Mi abuelo y tío Tony estaban hablando seriamente pero se callaron cuando me vieron. No me explicaron nada y recogieron los papeles.

– ¡Eso sí me parece curioso! –comentó Paco–. Miriam y Daniel me han contado las cosas extrañas que están pasando con tío Tony: sus desapariciones misteriosas, la gran cantidad de llamadas telefónicas, el cariño que siente por Marta Millón y el amor aparente de Marta Millón por aquel rubio que vimos en la plaza. Y ahora, esto de las minas, inversiones y páginas de sociedad. Se parece a una de esas películas que salen en la televisión o en el cine.

– Me molesta no poder hacer nada para ayudar al tío Tony. Creo que tiene problemas grandes… –dijo Elena muy seria.

– O quizá sólo quiere hacer algunas inversiones. ¿Por qué nos preocupamos tanto? Tío Tony sabe lo que está haciendo –dijo Daniel.

---

3 **misteriosamente** geheimnisvoll | 3 **como si tuvieran algún secreto** als hätten sie irgendein Geheimnis | 6 **el jarabe** *Mex; mexikanische Musik (und Tanz)* | 6 **típico de** typisch für | 11 **estaban tirados por** sie lagen auf | 12 **la inversión de dinero** Geldanlage | 13 **extrañar** wundern | 13 **las páginas de sociedad** die Gesellschaftsspalten | 15 **callarse** schweigen | 19 **la desaparición** das Verschwinden | 20 **aparente** scheinbar | 26 **hacer algunas inversiones** Geld anlegen

– Tienes razón, Daniel –comentó Elena–. Nos preocupamos demasiado. ¿Regresamos a casa? Estoy cansada.

Llegaron todos a casa, cenaron y se acostaron temprano. A las dos de la mañana Miriam se despertó.

– ¿Estoy soñando? Oigo música de mariachis.

Brincó de su cama y corrió a la ventana. En ese momento tío Tony entró en la alcoba.

– Te traen serenata –le explicó. Aunque tío Tony tampoco estaba completamente despierto, estaba sonriendo.

– ¿A mí? –exclamó Miriam–. ¡Qué romántico! ¿Porqué vienen aquí? ¡Qué bonita es la música!

– Mira abajo, Miriam. ¿Ves a alguien que conoces?

– ¡Es Paco! ¿Me trajo Paco la serenata?

Daniel entró en la alcoba.

– ¡Miriam! ¿Qué es este ruido? Yo estaba bien dormido y me desperté.

– ¡Oye, Daniel! ¡Paco me trajo serenata! –exclamó Miriam, muy feliz.

Los tres escucharon la música desde la ventana. Cuando los mariachis habían terminado, todos regresaron a la cama: el tío Tony y Daniel a dormir; Miriam a soñar con Paco y la serenata.

A las cuatro de la madrugada, Miriam se despertó otra vez. –¡Qué sueño! –pensó–. Estaba oyendo música de mariachis.

Ahora, completamente despierta, se dio cuenta de que no era un sueño. Otra vez era música. Corrió a la ventana y vio a un grupo de mariachis.

– ¡Ay! ¡Qué amable es Paco! –le dijo a Daniel cuando llegó a su alcoba.

Daniel miró por la ventana, se rio y le dijo:

– No es Paco. ¡Mira!

---

6 **brincar** hüpfen, springen | 7 **la alcoba** Schlafzimmer | 8 **Te traen serenata.** Sie bringen dir ein Ständchen. | 22 **A las cuatro de la madrugada.** Um 4 Uhr morgens.

– ¡Ay, caramba! ¡Es Ramón! Ramón me trajo serenata también. ¿Qué voy a hacer?

– Ahora sabemos adónde fueron Ramón y Paco cuando se levantaron de la mesa en el café en Tlaquepaque. Se fueron para preparar las serenatas. No sabían que los dos habían tenido la misma idea. ¡Qué gracioso! –se rio Daniel.

– No es gracioso, Daniel, ¡es romántico y bonito! ¿Por qué no llevas serenata a Elena?

– ¡Bah! ¡Estás loca! –exclamó Daniel.

Miriam regresó a la cama pero no podía dormir. Pensaba en Ramón… en Paco en Ramón… en Paco…

Preguntas

1. ¿Qué es Tlaquepaque?
2. ¿Adónde van los tres muchachos?
3. ¿Qué hacen después de visitar las tiendas?
4. Mientras los demás toman un refresco, ¿adónde van Paco y Ramón?
5. ¿Qué había descubierto Ramón del tío Tony?
6. ¿Por qué se despierta Miriam a las dos y a las cuatro de la mañana?
7. ¿Quién le lleva a Miriam la serenata?

Conversación

1. ¿Cuál es su música preferida?
2. ¿Puede usted hablar de algunos productos de artesanía de su país o de otro país conocido?

6. La corrida

– ¿Qué pasa? –preguntó Elena a Miriam al entrar en la sala–. Acabo de ver a tío Tony en su taller. ¡Está silbando! ¿Qué pasa?

– Pues, ¡fíjate! –dijo Miriam. La criada me dijo que Marta Millón viene hoy otra vez a causa de su retrato. Y, después, va a salir con tío Tony.

– Ah, tu tío está enamorado de verdad –sonrió Elena.

– Pues, ¿quién sabe? –continuó Miriam.–. Pero no te olvides de que hace pocos días vimos a Marta Millón en la ciudad con un hombre rubio.

– Es cierto –dijo Elena, pensativa–. Se me había olvidado. Espero que…

En este momento el tío Tony entró en la sala. Parecía muy triste.

– ¿Por qué pones esa cara tan triste, tío? –preguntó Miriam.

– Pues… No es nada. Es que… Pues… Acaba de llamar una amiga. Iba a venir aquí hoy, pero ahora dice que no puede.

Elena sugirió: –Ya que ahora no tiene ningún plan, ¿por qué no va con nosotros a la corrida de toros? ¿Sabe usted que Paco va a actuar de matador esta tarde?

– Sí, tío –exclamó Miriam–. Ven con nosotros. Eso te hará sentir mejor.

– Está bien. Voy con ustedes.

Más tarde las muchachas, tío Tony, Daniel y Ramón fueron a la pequeña plaza de toros para ver la corrida.

Se sentaron en la primera fila.

Ramón les explicó:

---

2 **la sala** *Am* Wohnzimmer | 3 **el taller** Atelier | 4**¡Fíjate!** Stell dir vor! | 11 **pensativo** nachdenklich | 15**¿Por qué pones esa cara tan triste?** Warum machst du so ein trauriges Gesicht? | 17 **Iba a venir.** Sie wollte kommen. | 18 **Elena sugirió…** *(sugerir)* Elena schlug vor … | 18 **Ya que ahora no tiene ningún plan…** Da Sie jetzt nichts vorhaben … | 20 **el matador** Stierkämpfer | 21 **Eso te hará sentir mejor.** So wirst du dich besser fühlen.

– Esta corrida va a ser algo diferente de las que se ven en las plazas grandes. Como Paco es un matador aficionado, no va a llevar traje de luces y va a torear un toro joven. A pesar de estas diferencias, las corridas de aficionados son muchas veces muy buenas.

– Ya empieza – exclamó Miriam–. No sé nada de la corrida. ¿Qué está ocurriendo?

– Pues, lo primero es el paseo – explicó el tío Tony, desinteresado–. Primero entran los matadores, seguidos por los banderilleros, los picadores, los peones y las mulillas. Cuando termina el paseo, sale el toro.

– Allí está. Tiene dos años, más o menos, y pesa aproximadamente doscientos kilos. Es pequeño, pero fuerte –explicó Ramón, muy paciente.

– No me gustaría ser Paco en este momento– comentó Daniel muy serio.

En el centro de la plaza Paco dio los primeros pases al toro.

Después los picadores picaron al toro con una especie de lanza larga.

– A mucha gente no le gustan los picadores –comentó Ramón–, pero es imprescindible picar al animal para poder controlarlo después. A veces los aficionados silban durante la pica para demostrar su descontento.

– ¿Cómo se llaman esos palos? –preguntó Miriam sin quitar la vista de Paco–. Los colores son muy bonitos.

– Son las banderillas. Los banderilleros clavan tres pares de banderillas en el morrillo del toro.

---

3 **el traje de luces** Galaanzug *(des Matadors)* | 3 **torear** kämpfen | 7 **desinteresado** uninteressiert | 8 **el banderillero** *etwa* „Gehilfe des Stierkämpfers" | 9 **el picador** berittener Stierfechter *(mit Pike)* | 9 **el peón** Stierkämpfergehilfe | 9 **las mulillas** Maultiere | 11 **aproximadamente** ungefähr | 13 **paciente** geduldig | 16 **Paco dio los primeros pases al toro.** Paco machte die ersten Figuren mit dem Stier. | 17 **picar** stechen | 17 **la lanza** Lanze | 20 **imprescindible** unentbehrlich | 22 **el descontento** Unzufriedenheit | 23 **sin quitar la vista de Paco** ohne Paco aus den Augen zu verlieren | 25 **la banderilla** Spieß *(mit Widerhaken)* | 25 **clavar** *hier:* hineinstoßen | 26 **el morrillo** Fleischwulst *(am Nacken)*

Mientras Miriam observaba todo, Ramón le preguntó con una mirada curiosa:

– ¿Te gusta este espectáculo?

– Sí, me interesa muchísimo. Es muy bonito. Además, conocemos al matador. ¿No crees que Paco es un torero fantástico?

Ramón, ya muy celoso de Paco, contestó:

– Pues, es… atrevido.

Y siguió su explicación sin más comentarios acerca de Paco:

– Ahora llega la faena de muleta, la parte más importante de la corrida. Paco ahora tiene la muleta en la mano. Va a dar varios pases antes de matar al toro. A propósito, ¿dónde está Elena?

– Vio a su tío Marcos hace unos minutos –contestó Daniel–. Fue a saludarlo. Ahora regresa. ¡Elena! ¡Apúrate! Empieza la faena.

Se sentó Elena y, en voz baja, les dijo a sus amigos:

– Oigan. ¡Acabo de ver a Marta Millón… con el rubio! Están sentados arriba, detrás de nosotros.

– ¡Ay, caramba! ¡Por eso no podía ir a casa hoy! – dijo Daniel –. ¡Tío Tony no debe verla!

En este momento Paco se dirigió a Miriam. Se quitó, la montera de la cabeza y se la tiró a ella.

– ¡Ay! ¡Qué honor para ti! –exclamó Elena.

– ¡Qué sorpresa! –dijo Miriam, poniéndose muy roja.

Sonriendo y con la montera negra en la mano, Miriam miró el comienzo de la faena.

Ramón, todavía más celoso, les dijo:

– Pues, ahora vamos a ver la habilidad de nuestro amigo.

Paco entró en la plaza y citó al torito. Dio algunos naturales. Durante el cuarto natural, Paco movió la muleta demasiado despacio y… el toro lo lanzó por el aire.

---

3 **el espectáculo** Schauspiel | 5 **fantástico** phantastisch, toll | 6 **celoso** eifersüchtig | 7 **atrevido** kühn | 8 **el comentario** Kommentar | 9 **la faena de muleta** *Phase des Stierkampfes (mit dem kleinen Reiztuch)* | 10 **la muleta** kleines Reiztuch | 13 **apurarse** *Am* sich beeilen | 19 **la montera** Stierkämpfermütze | 22 **poniéndose muy roja** indem sie knallrot wurde | 26 **la habilidad** Geschicklichkeit

– ¡Dios mío! –gritaron sus amigos.

Afortunadamente no lo habían tocado los cuernos del toro y Paco pudo levantarse otra vez y continuar la faena.

– ¡Ay! ¡Gracias a Dios! ¡Está bien! –gritó Miriam, con los ojos llenos de lágrimas.

Paco ejecutó varios naturales más y terminó esta serie de pases con un pase de pecho.

Llegó el momento de la verdad. Pacó se paró frente al toro y levantó el estoque a la altura de su hombro. Apuntando bien, corrió hacia el toro y saltó. El estoque entró en la espalda del toro en el lugar adecuado. El animal zigzagueó unos momentos y cayó sangrando en la arena.

Paco, sonriendo y muy orgulloso de su éxito, dio la vuelta a la plaza. La gente gritaba con emoción: – ¡Olé!

Algunos tiraron pañuelos blancos, sombreros y otras cosas. Todos gritaban.

– ¿Le van a dar la oreja? –preguntó Elena.

– ¿La oreja? ¡Qué horror! –exclamó Daniel.

– ¿No sabías, Daniel, que es un gran honor recibir la oreja? –explicó Ramón–. Si es una faena muy buena y si la gente grita mucho, el presidente de la plaza concede una oreja al matador.

– Ahora lo hacen –interrumpió Elena–. ¡Están cortando la oreja al toro!

La gente gritaba y agitaba los pañuelos mientras cortaban la oreja al toro.

Paco, aún más orgulloso y feliz, dio otra vuelta a la plaza y se paró enfrente de sus amigos.

– Para ti… le dijo a Miriam con una sonrisa. Le dio la oreja.

– ¡Gracias, Paco! –dijo Miriam, sonriendo también–.

Nunca voy a olvidar este momento.

---

27 **citar** *hier:* locken, reizen | 7 **el pase de pecho** *eine Grundfigur des Stierkampfes* | 9 **a la altura de su hombro** in Schulterhöhe | 11 **adecuado** passend | 11 **zigzaguear** im Zickzack laufen | 12 **sangrar** bluten | 12 **la arena** Sand | 13 **orgulloso** stolz | 18**¡Qué horror!** Wie schrecklich! | 21 **conceder** gewähren

– ¡Bah! –dijo Ramón, todavía celoso–. Guardar una cosa tan fea como la oreja de un animal muerto. ¡Qué barbaridad!

El tío Tony miró a Miriam con una sonrisa:

– ¡Qué buen recuerdo para una turista!

– Oigan, jóvenes –dijo–. Me marcho ahora. Dispénsenme. Los veo más tarde.

Salió inmediatamente.

– Adiós, tío –dijeron todos.

Elena dijo a sus amigos:

– Creo que no vio a Marta Millón con el rubio.

Cuando vieron a Paco después de la corrida, lo felicitaron.

– ¡Vamos a bailar! –sugirió Ramón, queriendo salir de la plaza.

Fueron a un salón de baile en el décimo piso de un edificio del centro. Bailaron durante muchas horas. Daniel y Elena bailaron, hablaron, comieron y descansaron.

Mientras tanto, Miriam bailaba y bailaba sin parar. Primero bailó con Ramón, después con Paco, Ramón, Paco, Paco, Ramón…, y así toda la noche.

Cuando, por fin, Miriam pudo descansar un poco, Elena le dijo:

– ¡Pobrecita! Parece que tus celosos amigos no van a permitirte descansar.

– No –respondió Miriam, respirando muy hondo –. Antes pensaba que sería muy romántico tener dos admiradores a la vez. Ahora no estoy segura. ¡Solamente puedo pensar en lo que me duelen los pies!

5 **Dispénsenme.** *Am* Entschuldigt mich. | 13 **el salón de baile** Tanzlokal | 16 **sin parar** ununterbrochen | 21**¡Pobrecita!** Arme! | 24 **el admirador** Verehrer | 24 **a la vez** gleichzeitig | 25 **lo que me duelen los pies** wie sehr mir die Füße weh tun

Preguntas

1. Según la criada, ¿por qué está alegre hoy el tío Tony?
2. ¿Por qué invita Elena al tío Tony a acompañarlos?
3. ¿Puede usted describir el paseo, la faena de muleta y «el momento de la verdad»?
4. ¿Qué hace el picador?
5. ¿Qué le pasa a Paco durante los naturales?
6. ¿Por qué cortan la oreja al toro?
7. ¿Qué le entrega Paco a Miriam al principio y al final de la corrida?
8. ¿Qué hacen Elena y Miriam en el salón de baile?

Conversación

1. ¿Cuál es el espectáculo de masas más conocido en su país? ¿Cómo es?
2. ¿Ha visto usted alguna vez una corrida de toros? ¿Iría usted a verla si tiene una oportunidad? ¿Por qué?

7. Fuegos artificiales

– ¿Por qué están las casas decoradas con papeles? –preguntó Miriam a Paco cuando los dos jóvenes regresaron a casa una tarde.

– Ya verás. Esta noche vamos a una fiesta muy interesante. Paso por ti a las ocho y media –dijo Paco rápidamente y la dejó en la puerta de la casa sin despedirse de ella.

– ¡Paco! –gritó Miriam, un poco enojada. Pero Paco ya había subido al coche y no la oyó.

– ¿Por qué gritas? –preguntó Elena que también acababa de llegar a la casa.

– Ese Paco es muy guapo y muy divertido, pero a veces me hace enfadar. Cree que quiero salir con él todas las noches. Sí, me cae bien, pero a veces es demasiado orgulloso. Ademas, quiero salir con Ramón de vez en cuando.

– Es verdad. Yo también tengo otro problema con Daniel. Siempre salimos juntos pero nunca me dice nada bonito. Muchas veces me ignora totalmente. A propósito, te dijo Paco que vamos a la feria esta noche, ¿verdad?

– ¿La feria? ¿Qué es? No me explicó nada.

Todavía estaba enojada con Paco. Sus ojos azules brillaban de rabia.

– Esta noche traen la estatua de la Virgen de Zapopan a nuestra parroquia.

– ¿La Virgen de Zapopan? *

– Es la estatua de una virgen morena de la iglesia de Zapopan. Siempre celebramos su llegada con una gran fiesta.

---

1 **los fuegos artificiales** Feuerwerk | 5 **Paso por ti.** Ich hole dich ab. | 6 **rápidamente** schnell | 8 **enojado** böse | 12 **guapo** hübsch | 13 **enfadar** ärgern | 13 **Me cae bien.** Er ist mir sympathisch. | 18 **Me ignora totalmente.** Er ignoriert mich ganz. | 19 **la feria** *hier:* Volksfest | 21 **brillar** *hier:* funkeln | 23 **la estatua** Statue | 23 **la virgen** Madonna | 26 **moreno** *hier:* schwarz

– Ah. Ya entiendo. Pues, esta noche voy a poner a Paco en su lugar –afirmó Miriam.

– ¡Qué problemas tienes! Bueno, Miriam, nos vemos más tarde, ¿eh?

– Sí, hasta luego –dijo Miriam y entró en la casa.

Esa noche llegó Paco para llevar a Miriam, a Daniel y a Elena a la iglesia. Vieron la procesión en que se llevaba la Virgen a la iglesia. Entraron en la iglesia para verla de cerca. Después de salir otra vez a la calle, los muchachos trataron de ganarles unos premios en los puestos de juegos. Paco ganó cinco premios para Miriam, pero ella puso mala cara y no le dijo nada.

– ¿Qué pasa contigo? –le preguntó Paco, un poco enfadado–. ¿Por qué estás tan callada? ¿Te sientes mal?

– No, no. Estoy bien –le contestó algo cortante.

Llegó la hora del castillo. Fascinados, todos miraron el incendio del castillo, una estructura enorme hecha de madera. En todas las esquinas del castillo había cohetes y otros fuegos artificiales. Algunos cohetes volaron en el aire con colas de luz y otros explotaron en el suelo.

– ¡Qué bonito! –exclamó Daniel.

– ¡A mí no me gusta! –gritó Miriam, tapándose las orejas–. ¡Me dan miedo tanto ruido y tanto fuego! ¡Vámonos!

Paco y Miriam fueron a un restaurante mientras Elena y Daniel se quedaron para ver el final de los fuegos artificiales. Después, ellos también fueron al restaurante.

Los cuatro jóvenes platicaron un rato, tomando nieve y refrescos. Después de unos minutos Daniel exclamó:

---

1 **Voy a poner a Paco en su lugar.** Ich werde Paco in seine Schranken weisen. | 7 **la procesión** Prozession | 10 **el puesto de juegos** Jahrmarktsbude | 10 **Ella puso mala cara.** Sie machte eine saure Miene. | 13 **callada** schweigsam | 14 **cortante** scharf | 15 **el castillo** Burg | 15 **el incendio** Brand | 17 **el cohete** Rakete | 18 **la cola de luz** Lichtschweif | 18 **explotar** explodieren | 21 **tapándose las orejas** und sie deckte sich die Ohren zu | 24 **el final** Ende | 26 **platicar** plaudern | 26 **la nieve** *Mex, Cuba, PR* Fruchteis

– ¡Miren allá! ¿No es el tío Tony? Me dijo que no iba a ir a la feria. ¿Cambió sus planes?

– Sí, tienes razón, es el tío Tony –dijo Miriam.

Los jóvenes agitaron las manos para llamarle la atención, y Daniel gritó en voz alta: –¡Tío! ¡Tío Tony!

Les pareció que el tío Tony los había visto, pero no respondió. Estaba mirando a todos lados. Entonces llegó Rogelio Riofrío en coche y el tío Tony subió mientras que Rogelio Riofrío ponía en marcha el automóvil.

Daniel, muy confundido e interesado, les dijo a sus amigos:

– ¡Vamos a seguirlos! Yo quiero saber qué está pasando aquí.

Rápidamente los cuatro subieron al coche de Paco. En unos minutos se acercaron al coche de Rogelio Riofrío. Lo siguieron por las calles de la colonia hasta llegar a la Avenida Vallarta.

Cuando se pararon en una de las colonias más elegantes de la ciudad, los jóvenes se dieron cuenta de que Rogelio Riofrío y el tío Tony estaban siguiendo a otro automóvil muy grande y rojo.

– ¿De quién será el otro auto? –exclamó Miriam.

El coche rojo se paró frente a una casa muy grande. Un hombre alto y rubio bajó del coche, subió la escalera y tocó a la puerta. Una mujer muy distinguida apareció.

– ¡Es Marta Millón! –exclamó Elena.

– Sí, y el hombre rubio… –añadió Paco.

Rogelio Riofrío estacionó su coche en un lugar oscuro, debajo de un árbol. Los muchachos escondieron su coche un poco más lejos para ver lo que pasaba sin ser vistos.

Desde su auto vieron a Rogelio Riofrío bajar del coche y gatear silenciosamente entre los arbustos delante de la casa. Se acercó para escuchar la conversación entre el hombre y la mujer. Después

---

4 **llamar la atención** aufmerksam machen | 8 **poner en marcha** starten | 10 **confundido** verwirrt | 20 **tocar a la puerta** an die Tür klopfen | 24 **estacionar** parken | 26 **sin ser vistos** unbemerkt | 27 **gatear** krabbeln | 28 **silenciosamente** still | 28 **el arbusto** Strauch

de unos momentos, Marta Millón entró en la casa y regresó con un sobre que le dio al rubio.

– ¿Qué pasa? –musitó Miriam.

– No sé. No veo muy bien –le dijo Paco, un poco impaciente–. Vamos a esperar.

Pero, en ese instante, el hombre rubio se despidió de la mujer y regresó a su coche. Rogelio Riofrío también corrió a su auto pero llegó demasiado tarde. El coche rojo ya había desaparecido. El tío Tony y Rogelio Riofrío se quedaron en el coche hablando por unos minutos.

Cuando Rogelio Riofrío y el tío Tony salieron, los jóvenes los siguieron hasta llegar a la casa de tío Tony.

– Parece que éste es el fin de las aventuras por esta noche –dijo Paco–. Vamos a dar una vuelta. El tío Tony no debe sospechar que lo vimos. ¿Están todos de acuerdo?

Los cuatro se pasearon en coche durante un rato y luego regresaron a casa. Al llegar vieron que no estaba el coche de Rogelio.

Daniel y Miriam entraron en casa después de despedirse de Elena y Paco. El tío Tony salió de su taller, cerró la puerta y les dijo, tratando de disimular su nerviosismo:

– ¡Ah, jóvenes! ¿Qué tal? ¿Les gustó la feria?

– ¿La… qué? –preguntó Daniel. Por el momento se le había olvidado la feria –. Ah, sí, ¡la feria! Sí, nos gustó mucho. Fue muy divertida, tío.

– Pero, tío –interrumpió Miriam–, ¿no fuiste a la feria tú también? Te vimos pero no nos reconociste.

El tío Tony, muy sorprendido, les contestó: – ¡No! No estuve. Trabajé en mi taller toda la noche… Ustedes no me vieron. Dispénsenme, jóvenes, tengo sueño. Voy a dormir. Buenas noches.

– Buenas noches, tío.

---

3 **musitar** murmeln | 4 **impaciente** ungeduldig | 14 **vamos a dar una vuelta.** Lass uns eine Runde machen! | 20 **disimular** *hier:* verstecken | 20 **el nerviosismo** Nervosität | 27 **sorprendido** überrascht

Los hermanos estaban comentando los sucesos de la noche cuando Ramón regresó a casa. Miriam y Daniel le contaron todo lo que había pasado. Ramón, un poco preocupado, dijo:

– Pues, antes yo no creía que estaba pasando algo extraño. Ahora, está claro que hay algo misterioso aquí…

Los jóvenes se quedaron hablando hasta muy noche.

Preguntas

1. ¿Por qué está Miriam enojada con Paco?
2. ¿Qué problema tiene Elena con Daniel?
3. ¿Cómo se celebra la feria de la Virgen de Zapopan?
4. ¿Qué es el castillo?
5. ¿Adónde va el tío Tony? ¿Con quién?
6. ¿Quién está en el coche rojo? ¿Adónde va?
7. ¿Qué ven los muchachos desde su coche?
8. Según el tío Tony, ¿dónde estuvo él toda la noche?

Conversación

1. ¿Puede usted contar algo de una fiesta típica de su país, por ejemplo de la fiesta de fin de año?
2. ¿Prefiere usted celebrar las fiestas en casa o en un restaurante? ¿Por qué?

---

6 **hasta muy noche** bis tief in die Nacht

8. Las playas de Manzanillo

Después de la feria de Zapopan, los jóvenes se fijaron aún más en las actividades de tío Tony. Miriam, Daniel y Ramón escucharon sus llamadas por teléfono y, dentro de lo posible, lo siguieron cuando salió de la casa. Pero no se enteraron de nada después de una semana de investigaciones. Tío Tony no había recibido ninguna llamada misteriosa, pasaba casi todo el día en su taller y casi nunca salía de la casa.

– ¿Es este misterio sólo un producto de nuestra imaginación? –les preguntó Ramón a sus amigos.

– No creo, pero me sorprende ver que no pasa nada. Tenemos que ser pacientes –dijo Daniel, muy pensativo–. Ahora es la hora de la cena. Vamos al comedor.

Durante la cena el tío Tony recibió una llamada por teléfono y regresó a la mesa sin decir una palabra.

– ¿Quién te llamó? –le preguntó Miriam, con audacia.

El tío Tony respondió:

– Este… Pues… Era un amigo… Nada más.

Cambiando de tema, les dijo con entusiasmo:

¡Oigan! ¿Qué les parece hacer un viaje a Manzanillo?* Por autobús es un viaje de solamente seis horas. En Manzanillo podemos nadar, descansar y divertirnos mucho.

– ¡Muy buena idea! –exclamó Miriam. Ya habían visto toda la ciudad de Guadalajara, así que la idea de conocer otro lugar les entusiasmó mucho.

– Sí, vamos –dijeron Daniel y Ramón –. ¿Cuándo salimos? ¿Mañana?

– ¡Ay, no! Vamos en media hora. El autobús sale de la estación a medianoche.

---

4 **dentro de lo posible** so weit wie möglich | 6 **la investigación** Nachforschung | 9 **el producto** Produkt | 9 **la imaginación** Fantasie | 12 **paciente** geduldig | 16 **con audacia** wagemutig | 19 **Cambiando de tema...** Er wechselte das Thema und ... | 20**¿Qué les parece...?** Was halten Sie davon ...? | 29 **a medianoche** um Mitternacht

– ¡En media hora! –gritaron los jóvenes y salieron corriendo para arreglar sus cosas.

– ¡Es algo diferente empezar un viaje así! –comentó Daniel a su hermana mientras subían a las alcobas.

– Sí, como todo lo que pasa aquí –dijo Miriam.

Vamos a ver…

Después del viaje en un autobús moderno, Daniel, Miriam, Ramón y el tío Tony llegaron a Manzanillo. Eran las seis de la mañana. A la luz de la madrugada vieron casas pintadas de colores vivos, una plaza grande y muchos árboles y flores tropicales. En el puerto había barcos de varios países.

– ¡Qué bonito! –exclamó Miriam, entusiasmada como siempre.

– Sí, es bonito, pero no vamos a quedarnos aquí – explicó el tío Tony–. Vamos a tomar el camión que está en la esquina para ir a la playa de Santiago. Creo que les sorprenderá este camión.

– ¿Por qué? –preguntó Daniel.

– Vas a ver –el tío Tony se rio.

Los cuatro subieron a un camión viejísimo. Tuvieron que sentarse en asientos separados a causa de la cantidad de gente que había en el camión. Al lado de Daniel estaba sentado un indio viejo con un paquete que se movía. ¡Qué sorpresa cuando Daniel se dio cuenta de que había un cerdito en el paquete! En el pasillo había muchos sacos llenos de maíz. Cada vez que el camión paraba, subían tantas personas que el tío Tony y los jóvenes casi no pudieron bajar al llegar a la playa de Santiago.

– Pues, ¿les gustan los camiones de segunda clase? – les preguntó el tío Tony riéndose mucho.

– ¡Son distintos! – dijo Daniel, riéndose también.

Los cuatro entraron en un hotel frente a la playa. Subieron rápidamente a sus cuartos, se pusieron los trajes de baño y se fueron a

---

9 **a la luz de la madrugada** in der Morgendämmerung | 10 **tropical** tropisch |
12 **entusiasmado** begeistert | 20 **el indio** *hier:* Indianer | 22 **el cerdito** kleines Schwein |
22 **el pasillo** der Flur | 23 **el maíz** Mais

la playa para ver el amanecer. Después desayunaron en el patio del hotel. Al terminar el desayuno, el tío Tony les dijo:

– Voy a dormir un rato. Hagan lo que quieran: tomar el sol, nadar o descansar. Les pido una cosa. No vayan a «Olas Altas».

5 – Está bien.

– Bueno, tío, te vemos más tarde.

Cuando salió el tío Tony, Ramón les dijo a los hermanos: –Sospecho que tío Tony no va a dormir. Voy a ver lo que hace. Vayan ustedes a la playa. Nos reunimos allá más tarde.

10 Miriam y Daniel pasaron unas horas felices. Nadaron un buen rato en el océano. Trataron de tomar el sol tumbados en la arena pero no podían aguantar el calor y tenían que saltar al agua cada cinco minutos. Se fueron al restaurante cerca de la piscina para tomar leche de coco. Luego decidieron caminar por las orillas del

15 mar a lo largo de la bahía.

Anduvieron durante media hora y, poco a poco, se metieron más al agua porque hacía muchísimo calor. Vieron la linda bahía, con varias islas pequeñas. Notaron que el color del mar cambiaba constantemente. A veces era un azul claro, a veces un verde oscuro.

20 De repente Miriam le dijo a Daniel:

– No puedo pisar el fondo. Regresemos a la playa.

– Está bien. Vamos –dijo Daniel.

Los dos empezaron a nadar hacia la playa. Pero pronto se dieron cuenta de que no avanzaban. Cada vez que avanzaban unos metros

25 la corriente los llevaba hacia atrás. Trataron de nadar más rápido. Miriam se asustó porque ya estaba cansada.

Les pareció que habían pasado horas en el agua. De vez en cuando gritaban, pero nadie los oyó. Por fin, cansadísimos y muy preocupados, vieron a Ramón en la playa. Le gritaron:

---

1 **el amanecer** Sonnenaufgang | 3 **tomar el sol** sich sonnen | 4 **la ola** Welle | 11 **el océano** Ozean | 11 **tumbado** liegend | 12 **aguantar** aushalten | 14 **la leche de coco** die Kokosmilch | 15 **la bahía** Bucht | 16 **Anduvieron durante media hora.** *(andar)* Sie liefen eine halbe Stunde lang. | 19 **a veces** manchmal

– ¡Ramón, Ramón! ¡Socorro!

Al oír los gritos de sus amigos, Ramón cogió una cuerda muy larga y gruesa. Echándola al agua, gritó:

– Agarren la cuerda.

La cuerda cayó a unos metros de Miriam.

– ¡Ay, Daniel! No puedo alcanzar la cuerda. Y estoy agotada.

– Nada un poco más, Miriam. Haz un esfuerzo –le dijo Daniel que ya había cogido la cuerda. Coge mi mano, Miriam. Yo te ayudo.

Por fin, ella agarró la mano de Daniel y Ramón los haló hasta la playa.

Exhaustos, los dos se dejaron caer en la arena. Respiraron muy hondo sin poder hablar.

Por fin Miriam dijo a Ramón:

– ¡Mil gracias, Ramón! Nunca he tenido tanto miedo en toda mi vida. ¡Y tú nos salvaste!

Ramón les preguntó:

– ¿Por qué se fueron a Olas Altas después de lo que les dijo el tío Tony esta mañana?

– ¿Este lugar es Olas Altas? ¡No sabíamos!

– ¡Ay, amigos! ¡Gracias a Dios que no se ahogaron! ¿Nos sentamos en la sombra aquí? Tengo mucho que contarles.

– Bueno, cuando ustedes se marcharon seguí a tío Tony a su habitación. Él hizo una llamada por teléfono pero no pude oír lo que decía. Después de un ratito salió del cuarto con sus cosas para pintar. Lo seguí a un bungalow muy bonito frente al mar. Iba a entrar en la casa, cuando una mujer abrió la puerta. La reconocí. ¡Era Marta Millón! El tío Tony se quedó en esa casa una hora. Regresó al hotel inmediatamente después e hizo otra llamada por

2 Al oír los gritos de sus amigos... Als er seine Freunde schreien hörte … | **4 agarrar** festhalten | **6 agotado** erschöpft | **7 Haz un esfuerzo.** *(hacer)* Strenge dich an. | **10 halar, jalar** *Mex* ziehen | **12 exhausto** erschöpft | **21 ahogarse** ertrinken

teléfono. Pero yo no pude oír todo lo que dijo. Habló de una mina, de cuentas de ahorro y… ¡de un hombre rubio!

– ¡Un hombre rubio! ¡Tiene que ser el mismo que vimos en Guadalajara; el que vimos con Marta en la corrida, en la plaza, y después de la feria – añadió Miriam.

– Creo que sí. Por eso yo quería oír más de la conversación, pero había tanto ruido en el hotel que no pude entenderlo.

– ¿Qué hacemos ahora?

– Pues, no sé. Yo tengo hambre. ¿Regresamos al hotel para la comida? Luego decidiremos –sugirió Daniel.

Se encontraron con el tío Tony en el comedor del hotel.

– ¿Qué tal la siesta, tío? –le preguntó Miriam para ver qué decía su tío.

– ¿La siesta? –preguntó tío Tony, un poco confuso. Entonces se vio en su cara que no recordaba lo que había dicho a los jóvenes por la mañana–. Ah, sí, ¡la siesta! Bien, bien, gracias.

Los cuatro comieron y pasaron toda la tarde y la noche juntos. El tío Tony no parecía muy preocupado aunque, de vez en cuando, miraba fijamente al océano y no escuchaba a los muchachos. Todos descansaron, nadaron un poco más y admiraron la fantástica puesta del sol sobre el océano.

La mañana siguiente los muchachos también se divirtieron en la playa. Por la tarde fueron al puerto de Manzanillo para comprar los boletos de regreso. Cuando llegaron a la estación el tío Tony le dijo a la cajera:

– Señorita, cuatro boletos para Guadalajara, por favor.

– Sí, cómo no –contestó–. Por favor, ¿me permiten ver su identificación o tarjetas de turista? Miriam exclamó:

– Yo no tengo mi tarjeta de turista. La dejé en casa.

---

2 **la cuenta de ahorro** Sparkonto | 14 **confuso** verwirrt | 21 **la puesta del sol** Sonnenuntergang | 24 **el boleto de regreso** *Am* Rückfahrkarte | 25 **la cajera** Kassiererin | 28 **la tarjeta de turista** Touristenkarte

– Entonces, señorita, tiene usted que hablar con el jefe de inmigración.

– ¡El jefe de inmigración! ¿Yo?

– Sí. ¿Ve usted aquel edificio blanco? Suba al cuarto piso y hable con el señor Mendoza.

Muy seria, Miriam explicó el caso al jefe de inmigración. Estaba tan asustada que el hombre empezó a reír a carcajadas.

– No se preocupe tanto, señorita –le dijo–. Según la ley no se permite a ninguna persona salir de Manzanillo en autobús sin pasaporte o tarjeta de turista. Hay marineros de otros países que, de vez en cuando, tratan de entrar al país ilegalmente. Pero, ¡usted no es un marinero! –se rio otra vez–. Tome este papel y no se preocupe más. Pero – añadió–, de hoy en adelante, lleve siempre su tarjeta de turista consigo, ¿eh?

– Sí, señor. ¡Y muchas gracias!

---

1 **el jefe de inmigración** Leiter der Einwanderungsbehörde | 7 **asustado** erschrocken | 7 **reír a carcajadas** schallend lachen | 11 **ilegalmente** illegal | 14 **consigo** bei sich

Preguntas

1. ¿Cómo quieren viajar los muchachos a Manzanillo? ¿Cuándo?
2. ¿Por qué les sorprende el camión de segunda clase a los jóvenes?
3. Después de desayunar, ¿qué deciden hacer Ramón, Miriam y Daniel?
4. ¿Qué les sucede a Miriam y Daniel mientras están nadando?
5. ¿Quién aparece entonces en la playa? ¿Qué hace para ayudar a sus amigos?
6. ¿Qué cuenta Ramón del tío Tony?
7. ¿Con quién tiene que hablar Miriam para poder regresar a Guadalajara? ¿Por qué?
8. ¿Por qué no está permitido salir de Manzanillo sin pasaporte?

Conversación

1. Usted lleva, al llegar a la aduana, algunas cosas por las que tiene que pagar. ¿Puede improvisar un diálogo con el policía?
2. ¿Prefiere usted pasar las vacaciones en el mar o en la montaña? ¿Por qué?

9. Guanajuato

Una noche Paco les preguntó a sus amigos:

– ¿Qué les parece hacer un viaje a Guanajuato? Ninguno de ustedes ha visto esa ciudad tan pintoresca.

– ¡Muy buena idea! –respondió Ramón–. Pero, ¿cómo vamos? Tu coche ya no anda bien.

– Podemos ir en autobús –respondió Paco–. Vamos a pedir permiso al tío Tony y a los padres de Elena.

Cuando llegaron a la casa del tío Tony, tocaron a la puerta del taller. Nadie contestó. Trataron de abrir la puerta pero estaba cerrada con llave.

– ¿Qué secretos tendrá tío Tony? Nunca cierra el taller con llave.

– Pues, mientras esperamos, Paco nos puede contar qué hay en Guanajuato. ¿Dónde queda?

Paco, imitando a un profesor, les explicó: – Guanajuato es una ciudad vieja, situada en un valle al noreste de Guadalajara: ¡Presta atención, joven! – le dio una palmada a Ramón–. Es una de las ciudades más españolas de México.* ¡Las calles son tan estrechas que los perros tienen que menear la cola hacia arriba y hacia abajo!

– ¡No te creo, profesor! –se rio Miriam.

– ¡Ya verás, jovencita! –siguió Paco–. Hay antiguas minas de plata, un mercado, un teatro al aire libre, muchas estatuas y un panteón.

– ¡Un panteón! ¿Qué tiene de interés un panteón?– preguntó Daniel.

– Pues, ¡ya verán ustedes! –dijo Paco. De repente, se puso serio–. Miren, ¡aquí viene el tío Tony!

Tío Tony entró en la casa con cara de preocupación.

---

11 **cerrado con llave** zugeschlossen | 15 **¿Dónde queda?** Wo liegt es? | 17 **al noreste de** nordwestlich von | 17 **prestar atención** zuhören | 18 **la palmada** Klaps | 20 **menear** bewegen | 24 **el panteón** Pantheon

– Hola. ¿Cómo les va? –dijo tío Tony por fin–. A propósito, ¿les molesta mucho si les dejo aquí solos por unos días? Es que tengo que viajar a Guanajuato* para… para hacer unos negocios.

– ¡Ay, tío! –exclamó Miriam–. ¡Estábamos esperándote para pedirte permiso para ir a Guanajuato! ¿No podemos ir contigo en tu coche?

– Pues –dijo el tío, sorprendido y confuso–, pues… yo creo que sí. Pero, acuérdense, yo voy a estar muy ocupado allá. No podré visitar la ciudad con ustedes. Pero pueden acompañarme. Salimos temprano.

– ¡Muy bien, tío! –exclamaron todos.

Cuando el tío Tony había salido, Ramón comentó:

– Me pregunto qué negocios tiene el tío. Creo que no nos dijo todo. ¡Ya veremos!

Los viajeros llegaron a Guanajuato a mediodía. El tío estuvo callado durante el viaje y, como les había prometido, desapareció después de llegar al hotel.

Los jóvenes, después de cambiarse de ropa, se reunieron en la plaza frente al hotel.

– Miren arriba –dijo Paco–. ¿Ven aquella estatua enorme? Es Pípila.* Pípila es el apodo de un héroe de la Guerra de Independencia.* ¿Quieren subir a la estatua?

– ¡Claro!

Los amigos empezaron a caminar por la senda que subía a la montaña. Llegaron a la estatua, un poco cansados, en media hora.

– ¡Qué vista tan bonita! –exclamó Miriam–. Vale la pena subir hasta aquí.

– Déjenme mostrarles la ciudad –dijo Paco–. Abajo están nuestro hotel y la plaza. A la izquierda está la Universidad. ¿Ven aquel edificio grande? Es la Alhóndiga de Granaditas.* Ahora es un

---

15 **a mediodía** mittags | 16 **callado** still, schweigsam | 18 **cambiarse de ropa** sich umziehen | 21 **el apodo** Spitzname | 21 **la Guerra de Independencia** Unabhängigkeitskrieg | 24 **la senda** Pfad | 30 **la alhóndiga** Kornspeicher

museo, pero jugó un papel muy importante en la Guerra de Independencia.

– ¿Qué es aquel edificio cerca de la alhóndiga?– preguntó Daniel–. Parece una iglesia enorme.

– No, no es una iglesia –contestó Paco–. Es el mercado.

– ¡Vamos! –exclamó Miriam.

Su cara reflejaba más entusiasmo ahora que en todo el día.

– ¿Qué cosas venden en Guanajuato?

– ¡Ay, Miriam! Siempre estás pensando en las compras –dijo Daniel.

Descubrieron que la bajada era más difícil que la subida. Cuando llegaron a una curva, Elena exclamó:

– ¡Ay, me caigo!

Daniel corrió a su lado y la ayudó a pararse otra vez.

Parecía que no se había lastimado pero, cuando trató de caminar, dijo:

– Ay, ¡me duele el tobillo! ¡Creo que me torcí el tobillo!

Se veía el dolor en su cara.

– Ten cuidado, Elena. Apóyate en mi brazo y bajamos juntos –dijo Daniel cariñosamente.

Cuando llegaron a la plaza, Elena y Daniel decidieron descansar y hablar un rato mientras los otros fueron al mercado. Interrumpiendo su conversación, Elena exclamó:

– Mira, ¡es el tío Tony!

Daniel también vio al tío Tony salir de una oficina con un hombre alto.

– No tiene sus cosas de pintar –comentó Daniel–. El tío está metido en algo peligroso, Elena. Estoy convencido.

---

1 **Jugó un papel muy importante.** Es spielte eine sehr wichtige Rolle. | 7 **Su cara reflejaba más entusiasmo.** Ihr Gesicht zeigte mehr Begeisterung. | 11 **la bajada** Abstieg | 11 **la subida** Aufstieg | 12 **la curva** Kurve | 14 **pararse** Am aufstehen | 15 **lastimarse** sich verletzen | 17 **el tobillo** Knöchel | 17 **Me torcí el tobillo.** Ich habe mir den Knöchel verstaucht. | 20 **cariñosamente** liebevoll | 27 **El tío está metido en algo peligroso.** Der Onkel ist in etwas Gefährliches verwickelt. | 28 **convencido** überzeugt

– Creo que sí. El tío era un hombre completamente diferente hace dos meses. No tenía tantos secretos. No puedo imaginarme qué le ha pasado –comentó Elena.

– Y yo no comprendo por qué nos invito aquí para pasar el verano con él, pues casi nunca ha salido con nosotros.

En este momento, el hombre se despidió del tío Tony y regresó a la oficina. El tío Tony entró al hotel.

Daniel se acercó para ver el nombre de la oficina. Era el Departamento Nacional de Minas. Mientras regresaba hacia donde estaba Elena, llegó el hombre rubio que habían visto en Guadalajara. Andaba muy de prisa y entró también a la oficina. También habló con el hombre alto y salió de la oficina casi corriendo hacia el hotel donde estaban alojados los muchachos y el tío Tony.

En este momento Elena y Daniel vieron acercarse a Miriam y… ¡a dos muchachos cargados de bolsos!

– ¡Otra vez! –se quejó Daniel, riéndose–. Miriam, ¿compraste todo Guanajuato?

– Pero, Daniel hay tantas cosas interesantes aquí. ¡Mira!

Después de ver las compras, Daniel y Elena les contaron lo que habían visto.

– Creo que el tío Tony se ha metido en un asunto peligroso. Todo esto me extraña mucho –dijo Ramón, pensativo.– ¿Qué relación hay entre el tío Tony, el hombre rubio, Marta Millón y el departamento de minas?

– ¡Quién lo sabe! –murmuró Elena.

– Bueno, yo voy a hacerle unas preguntas al tío Tony esta noche. Quiero averiguar lo que está pasando.

– ¿Está mejor tu tobillo, Elena? –preguntó Daniel, ayudándola a pararse.

---

8 **el Departamento Nacional de Minas** staatliches Bergbauamt | 13 **estar alojado** untergebracht sein | 15 **cargado** beladen | 22 **extrañar** wundern | 22**¿Qué relación hay entre…?** Welche Beziehung besteht zwischen …? | 27 **averiguar** herausbekommen

– Mucho mejor.

– Entonces –dijo Paco–, ¡vamos al panteón!

Llegaron en taxi al panteón.

Había muchos monumentos blancos, situados uno muy cerca del otro.

– Pues, ya vimos el panteón –se quejó Miriam–. ¿Qué tiene de interés?

– No han visto lo más interesante todavía. Vamos allá y bajamos –dijo Paco.

Bajaron por una escalera de caracol a un pequeño cuarto oscuro. Después de acostumbrarse a la oscuridad, pudieron ver más de cincuenta momias.

– ¡Qué feas son! –gritó Miriam, muy asustada.

Paco les explicó:

– En Guanajuato hay momias porque la tierra contiene algunos minerales que momifican naturalmente los cuerpos.

– ¡Hombre! ¡Es estupendo! –exclamó Daniel–. Miren ésa. Parece una persona a la que enterraron viva, porque las manos están como arañando al suelo y la boca está abierta como si gritara.

– Sí, ¿y ves aquélla? –añadió Ramón–. Es una madre que se murió al dar a luz a un nene. Enterraron al nene con ella.

Muy asustada, Miriam se fue a esperarlos cerca de la escalera. Quería subir, pero no quería subir sola.

De repente, dio un paso atrás y pisó los pies de alguien. Oyó una voz decir:

– No me pises. ¡No debes molestar a los muertos!

Miriam dio un grito de espanto y no se calmó aunque Paco le explicó que lo había dicho en broma. Miriam se enojó porque

---

4 **muy cerca uno del otro** sehr nahe beieinander | 10 **la escalera de caracol** Wendeltreppe | 16 **momificar** mumifizieren | 16 **naturalmente** *hier:* auf natürliche Art | 17**¡Es estupendo!** Es ist wunderbar! | 19 **arañar** kratzen | 19 **como si gritara** als würde sie schreien | 21 **dar a luz** gebären | 21 **el nene** Baby | 27 **el grito de espanto** Schreckensschrei | 27 **calmarse** sich beruhigen | 28 **en broma** aus Spaß

aquello no le pareció nada chistoso. Subió la escalera con los otros,
y Paco trató de convencerla de que estaba bromeando.

– Si te compro un dulce, ¿me perdonas? –preguntó Paco.

Paco fue a un puesto y regresó con un dulce envuelto en celo-
fán. Miriam lo abrió: era un dulce de caramelo duro en forma de
momia. Los ojos eran dos pasas.

– ¡Otra momia! –gritó Miriam, tirando el dulce – ¡Qué cruel
eres, Paco!

– Pero, Miriam –explicó Paco–, es una charamusca. Es el dulce
típico de Guanajuato.

– Déjame en paz.

– Ay, ¡las mujeres! ¡Nunca se sabe qué hacer con ellas! –dijo Paco
entre dientes.

---

1 **chistoso** witzig | 2 **bromear** spaßen | 3 **el dulce** Süßigkeit | 4 **envuelto** *(envolver)*
eingepackt | 4 **el celofán** Cellophan® | 5 **el caramelo** *hier:* Karamel(zucker) | 6 **la pasa**
Rosine | 9 **la charamusca** *Mex* (gedrehte) Zuckerstange | 12 **decir uc entre dientes** etw
nuscheln

Preguntas

1. ¿Adónde quieren ir los jóvenes? ¿Qué hay allá?
2. ¿Adónde quiere ir el tío Tony? ¿Por qué?
3. ¿Qué le pasa a Elena al bajar de la estatua?
4. ¿Dónde ven Elena y Daniel al tío Tony? ¿Qué está haciendo?
5. ¿Qué es el panteón? ¿Cómo se entra al panteón?
6. ¿Qué ven dentro del panteón?
7. ¿Por qué hay momias en Guanajuato?
8. ¿Qué le da Paco a Miriam? ¿Le gusta el regalo?

Conversación

1. ¿Puede usted hablar de algunas faltas de cortesía típicas de su país?
2. ¿Puede usted decir, con ayuda de un mapa, cuáles son las capitales de los estados hispanoamericanos y cómo se llaman sus habitantes?

10. Leyendas de Guanajuato

Después de ver las momias, los cinco amigos regresaron al hotel. Todavía enojada con Paco. Miriam caminaba rápidamente.

Paco corrió, se acercó a ella y trató de hablarle. Miriam no le contestó. Los otros, sonriendo, observaron la «batalla».

– Creo que Paco ya no le interesa tanto a Miriam– dijo Elena–. Dice que es cruel y demasiado orgulloso. El que le gusta ahora eres tú, Ramón.

Pensativo, Ramón no dijo nada.

Llegaron al hotel y fueron al comedor donde esperaban encontrarse con el tío Tony. Pero no estaba allí. Decidieron comer sin él porque querían llegar a buena hora para ver los «Entremeses Cervantinos».*

– ¿Dónde estará el tío Tony? –preguntó Ramón.

– No sé –comentó Paco–. Daniel, ¿adónde fue el tío Tony cuando salió del departamento de minas?

– Regresó al hotel y no lo vi salir.

– Pues, no sé que pensar –dijo Ramón.

– Después de terminar la comida, vamos a preguntar en la recepción del hotel. Quizá lo vieron salir.

Hablaron con el jefe de la recepción pero casi no se enteraron de nada nuevo. Les dijeron que el tío Tony pasó media hora en su habitación y, después, con pantalones vaqueros y una camisa vieja, salió en taxi.

– No se preocupen, jóvenes –dijo el jefe–. Probablemente fue a las montañas para pintar y se le pasó la hora. Deben salir ahora para llegar al teatro a tiempo.

---

1 **la leyenda** die Legende | 12 **a buena hora** rechtzeitig | 18 **No sé qué pensar.** Ich weiß nicht, was ich denken soll. | 19 **la recepción del hotel** Hotelrezeption | 23 **los pantalones vaqueros** Jeans | 25 **probablemente** wahrscheinlich | 26 **Se le pasó la hora.** Er merkte nicht, wie spät es schon war.

Los muchachos fueron rápidamente a la pequeña plaza de San Roque para ver los «Entremeses».

Cuando llegaron, el sol ya se había puesto y un hombre vestido al estilo medieval estaba encendiendo unas velas alrededor de la plaza.

Durante más de una hora el grupo disfrutó de un ambiente medieval: poesía, unos dramas serios y unas viñetas muy cómicas.

– ¡Qué romántico es este lugar! –exclamó Miriam, tocando el brazo de Ramón–. Me encanta.

– A mí, también –añadió Elena–. Es muy bonito ver todo esto al aire libre y sobre todo con esta brisa sabrosa.

En ese momento la acción empezó de nuevo. De repente, un jarro de agua fría cayó sobre Paco, mojándolo completamente: el actor que debía tirar el agua desde un balcón a otro actor en la plaza, se equivocó y la derramó sobre Paco.

Los amigos de Paco y la gente a su alrededor se rieron a carcajadas, pero a Paco aquello no le pareció nada cómico.

– ¡Ay, mi traje! ¡Qué mojado estoy! ¡No se rían de mí! – exclamó Paco. Miriam se rio.

– Pero, Paco, tienes que esperar sorpresas en un teatro de este tipo.

– Pues, no me gusta.

– Paco –dijo Miriam, ahora muy seria–, cuando tú haces las bromas, como tu broma de las momias, está bien. Pero cuando algo te pasa a ti, no lo aguantas.

– ¡Bah! –exclamó Paco, rojo de ira. Afortunadamente para todos, el drama volvió a empezar.

---

3 **El sol ya se había puesto.** *(ponerse)* Die Sonne war schon untergegangen. | 3 **vestido al estilo medieval** mit einem mittelalterlichen Kostüm | 7 **el drama** Drama | 7 **la viñeta** Einakter, Posse | 7 **cómico** komisch | 12 **la brisa** Brise | 12 **sabroso** *Mex, Col, Ven* angenehm | 13 **un jarro de agua fría** ein Krug kalten Wassers | 14 **mojándolo completamente** und es machte ihn ganz naß | 15 **el actor** Schauspieler | 15 **el balcón** Balkon | 17 **a su alrededor** um ihn herum | 17 **Se rieron a carcajadas.** *(reírse)* Sie lachten schallend. | 26 **aguantar** ertragen

Después de los «Entremeses», los jóvenes decidieron dar una vuelta por las calles estrechas de la ciudad. Llegaron al «Callejón» del Beso: una escalera tan angosta que una persona puede tocar las casas de ambos lados a la vez.

– Se dice que una vez vivían dos jóvenes en las casas de este callejón –explicó Elena–. Estaban enamorados pero no podían casarse. Cuando nadie los miraba, la muchacha subía a un balcón y el muchacho al balcón que estaba enfrente. Así podían besarse.

– ¿Se casaron por fin? –murmuró Miriam.

– No –explicó Elena–. No sé los detalles, pero los dos murieron de una manera trágica.

– Ay, ¡qué romántico! –dijo Miriam.

– ¡Ay, Dios mío! ¿Me haces el gran favor de no decir «Ay, ¡qué romántico!»? ¡No puedo aguantarlo! –se quejó Daniel.

– Pero sí es romántico –dijo Miriam mirando a Ramón–. Oye, Ramón, ¿no quieres subir a ese balcón mientras yo subo al otro?

– ¿Por qué? –preguntó Ramón muy serio.

– ¡Tonto! –se rio Daniel–. Ella quiere besarte como lo hacían los amantes de la leyenda.

Ramón enrojeció, dio unos pasos atrás y, después de unos momentos penosos, les dijo:

– Hay otras calles notables en Guanajuato: las subterráneas. Vamos a verlas, ¿no?

– ¿Subterráneas? ¿Cómo es posible?

Paco explicó:

– Es que en años pasados había un río subterráneo que se secó. Construyeron las calles en el lecho del río.

Mientras los jóvenes continuaban su paseo, oyeron en la distancia una música muy alegre.

---

1 dar una vuelta eine Runde machen | **2 el callejón** Gasse | **3 angosto** *Am* eng | **11 trágico** tragisch | **19 el amante** Liebhaber | **20 enrojecer** erröten | **21 penoso** peinlich | **22 notable** *hier:* sehenswert | **22 subterráneo** unterirdisch | **27 el lecho del río** Flussbett

– Suena como música medieval: panderetas, mandolinas y guitarras. ¿Qué puede ser? –preguntó Daniel.

Pronto los amigos se encontraron con un grupo de ocho o nueve jóvenes vestidos con capas negras, calzones cortos y boinas. En las capas llevaban colgadas algunas medallas y cintas de muchos colores. Los jóvenes tocaban sus instrumentos y cantaban canciones folklóricas, mexicanas y españolas.

– ¡Es la estudiantina!* –exclamó Elena, sonriendo.

– Ay, ¡qué román… ! ¡Caramba! Se me olvidó que no debía decir eso. Perdón, Daniel –dijo Miriam.

Todos se rieron y escucharon un rato la música de la estudiantina. Luego decidieron regresar al hotel porque ya era tarde y porque querían saber algo del tío Tony.

Cuando llegaron al hotel, les llamó el jefe de la recepción.

– Siento mucho decirles esto, pero les llamaron del hospital. Su tío sufrió un accidente grave. Vayan ustedes allí. No me dijeron nada más.

Les mostró en qué dirección quedaba el hospital. Sin decir ni pío, los cinco muchachos corrieron allá. Cuando llegaron, una enfermera les contó que el tío Tony se había quebrado la pierna. Además, tenía heridas y contusiones, no muy graves, por todo el cuerpo.

Fueron directamente al cuarto donde el tío Tony estaba descansando. La pierna derecha estaba escayolada y su cuerpo delgado casi estaba perdido entre las sábanas y los vendajes que cubrían sus heridas. Les sonrió débilmente cuando lo saludaron.

---

1 **Suena como…** *(sonar)* Es hört sich wie … an. | 1 **la pandereta** Schellentrommel |
1 **la mandolina** Mandoline | 4 **el calzón corto** die (weite) Kniebundhose | 4 **la boina**
Mütze | 4 **En las capas llevaban colgadas…** An den Umhängen trugen sie … | 5 **la**
medalla Medaille | 5 **la cinta** Band | 8 **la estudiantina** Studentenkapelle | 14 **el jefe de la**
recepción Empfangschef | 18 **sin decir ni pío** ohne einen Ton zu sagen | 20 **la enfermera**
Krankenschwester | 20 **quebrarse…** sich … brechen | 21 **la contusión** Quetschung |
24 **escayolado** in Gips | 25 **el vendaje** Verband | 26 **Les sonrió débilmente.** Er lächelte
schwach.

– No se preocupen. Pronto voy a estar bien –les dijo en voz baja y débil.

– Tío, ¿qué te pasó?

– Pues –empezó el tío Tony–, creo que debo empezar desde el principio. Ustedes probablemente creen que me he portado de una manera muy extraña todo el verano, ¿verdad?

– Pues, sí. Nos preguntamos por qué nos invitaste a pasar el verano contigo, ya que has estado tan ocupado desde nuestra llegada.

– Tienes razón. Pues, desde mayo pasado he estado metido en un lío que va a resolverse dentro de poco. Siento no poder decirles mucho todavía, sobre todo ahora que tengo que pedir su ayuda.

– Haremos todo lo posible –contestaron a coro.

– Gracias –continuó el tío Tony–. Vine a Guanajuato para averiguar algo acerca de una mina de plata. Sospecho que esta mina no tiene ningún valor, que ya se sacó toda la plata. Ayer fui al departamento de minas y…

– Te vimos salir de la oficina –interrumpió Daniel–. Elena y yo estábamos descansando en la plaza frente al departamento de minas.

El tío Tony se puso un poco nervioso.

– ¿Ah, sí? Pues, allá oí que aquella mina fue una de las más ricas en el siglo diecinueve, pero que ya está completamente agotada. De todos modos, en el ministerio me dijeron que fuera a verla. Se está descubriendo que algunas de esas minas no están agotadas, que todavía tienen mucha plata.

– Pues, fui a la mina. Está cerquita de la iglesia de Valenciana, en las afueras de Guanajuato. No vi ningún signo de plata en la mina. Me agaché para ver mejor el túnel cuando, de repente, alguien me

---

10 **He estado metido en un lío.** Ich war in eine dumme Geschichte verwickelt | 11 **resolverse** sich aufklären | 13 **a coro** einstimmig | 21 **Se puso un poco nervioso.** *(ponerse)* Er wurde etwas nervös. | 23 **agotado** *hier:* abgetragen | 24 **Me dijeron que fuera a verla.** Man sagte mir, ich solle sie besichtigen. | 27 **cerquita** sehr nahe | 28 **las afueras** Umgebung | 29 **agacharse** sich bücken | 29 **el túnel** Tunnel

empujó. Empecé a caer dando vueltas por el túnel. Sin embargo vi al hombre que me atacó.

– Caí al fondo del túnel –continuó el tío Tony–. Me dolía todo el cuerpo, especialmente esta pierna, pero sabía que para salvarme tenía que subir pronto. Avancé sujetándome con las manos y llegué a la boca del túnel completamente agotado. Aparentemente me desmayé porque no me acuerdo de nada más hasta que me desperté aquí. Me han dicho que unos turistas que estaban paseando por las montañas me vieron y me llevaron al hospital.

– ¿Quién te empujó? ¿Y por qué? –preguntó Daniel.

– ¿Qué podemos hacer? –preguntaron los otros.

El tío Tony, ahora muy cansado, les dijo en voz baja y débil: – El hombre que me quiso matar es alto, rubio y muy delgado. Tiene los ojos castaños y barba rubia. Es muy guapo. Se llama Roberto Robo.

Ahora escuchen bien. El señor Robo está alojado en nuestro hotel. Él cree que estoy muerto. Por eso, seguramente va a salir de Guanajuato mañana. Regresen ahora al hotel y pidan en la recepción que les llamen cuando Roberto Robo salga de su cuarto. Tomen mi coche y síganlo. Saquen fotos de lo que hace y usen, si pueden, mi grabadora chiquita para grabar sus conversaciones.

El tío Tony continuó:

– Siento no poder decirles más ahora. Estoy demasiado cansado, les contaré todo más tarde. Ahora váyanse al hotel y descansen. Mañana estarán muy ocupados.

– Está bien, tío. Descansa tú también. Gracias a Dios que estás vivo. Nos vemos pronto. Adiós.

---

1 **caer dando vueltas** hinunterrollen | 3 **al fondo** *hier:* bis auf den Grund | 5 **sujetarse con las manos** sich mit den Händen festhalten | 6 **la boca del túnel** Öffnung des Tunnels | 6 **aparentemente** offensichtlich | 14 **castaño** kastanienbraun | 17 **seguramente** sicherlich, wahrscheinlich | 18 **Pidan que les llamen.** Sagt, man soll euch rufen. | 19 **cuando Roberto salga de su cuarto** sobald Roberto sein Zimmer verlässt | 20 **Saquen fotos.** *(sacar)* Macht Aufnahmen! | 21 **la grabadora** Tonbandgerät | 21 **chiquito** klein, winzig | 21 **grabar** aufnehmen | 26 **Gracias a Dios que …** Gott sei Dank, dass …

Al salir del hospital Miriam preguntó:

– ¿Creen ustedes que el rubio trató de matar al tío Tony porque está celoso?

– Estoy seguro de que es mucho más que celos. Yo sospechaba que el tío Tony estaba metido en algo peligroso.

Los amigos caminaron muy despacio al hotel. No hablaron más porque todos estaban pensando en los sucesos del día… y en la aventura que quizá los esperaba.

Preguntas

1. Después de regresar al hotel, ¿qué deciden hacer los muchachos? ¿Por qué?
2. ¿Qué les dice del tío Tony el jefe de la recepción?
3. ¿Qué le ocurre a Paco durante la representación teatral?
4. ¿Por qué critica Miriam a Paco?
5. ¿Puede usted relatar la leyenda del «callejón del beso»?
6. ¿Por qué hay calles subterráneas en Guanajuato?
7. ¿Qué es una estudiantina? ¿Cómo van vestidos los estudiantes?
8. Al regresar de nuevo al hotel, ¿qué les dice el jefe de la recepción?
9. ¿Cómo está el tío Tony? ¿Qué le pasó?
10.¿Qué deben hacer los jóvenes, según el tío Tony?

Conversación

1. ¿Puede usted describir algún lugar especialmente interesante de su ciudad?
2. ¿Qué instrumentos musicales prefiere usted? ¿Por qué?

---

3 **los celos** die Eifersucht

11. Pátzcuaro y la isla de Janitzio

Cuando llegaron al hotel trataron de dormir. Pero nadie podía. Los cinco pasaron mucho rato hablando de lo que había sucedido.

El jefe de la recepción les llamó muy temprano. Les dijo que Roberto Robo había salido de su cuarto y que en ese momento estaba desayunando en el comedor.

Los jóvenes arreglaron sus cosas rápidamente. El gerente les dijo también que Roberto Robo había mencionado que iba a ir a Pátzcuaro.*

Después de desayunar, el señor Robo subió al auto y salió hacia Pátzcuaro. Los muchachos lo siguieron a una distancia discreta. A pesar de la emoción del día, Miriam y Daniel observaron el bonito paisaje: la tierra verde y fértil, las casas con techos rojos. Hasta vieron a algunos niños pobres caminando delante de un burro cargado de madera. Mientras miraban el paisaje, platicaron mucho.

– Toda la noche me he estado preguntando –dijo Daniel– por qué le interesa tanto la mina a tío Tony. Es un artista, ya no es un hombre de negocios. Vino a México porque no quería saber nada de la vida apresurada que llevaba hace muchos años en Nueva York.

– Yo creo que a él no le interesa la mina –dijo Miriam–. Sospecho que está tratando de averiguarlo por otra persona…, por Marta Millón.

– Es posible. Ella tiene mucho dinero – comentó Ramón–. Pero no entiendo por qué tenemos que seguir a Roberto Robo hasta Pátzcuaro para sacar fotos.

---

8 **el gerente** Geschäftsführer | 12 **a una distancia discreta** in angemessenem Abstand | 13 **la emoción** Aufregung | 16 **platicar** plaudern

– No sé –respondió Elena–. ¿Qué hay en Pátzcuaro para llamar la atención de un hombre como Roberto Robo? Paco, tú conoces Pátzcuaro, ¿no?

– Sí, estuve allá el año pasado. Es un pueblo en la tierra de los indios tarascos. Lo más interesante es el bonito lago de Pátzcuaro y la isla de Janitzio.* Pero no puedo imaginarme por qué es tan importante para el señor Robo. Está lejos de la mina.

– ¡Miren! –exclamó Miriam–. Aquel coche es de los Estados Unidos. Miren la placa.

– Tienes razón –dijo Daniel–, es de Michigan. ¡Hizo un viaje bastante largo!

Los tres mexicanos rieron mucho y dijeron a Miriam y a Daniel:

– El coche no es de Michigan. ¡Las placas son de Michoacán! ¡Estamos en el Estado de Michoacán!

– Oh –Miriam y Daniel rieron también–. Miren, el coche del rubio está parando allá, cerca de un hotel.

También ellos fueron al hotel, bajaron del coche y esperaron hasta que Roberto Robo había salido de la recepción.

Era un hotel de estilo colonial. Tenía solamente un piso y todos los cuartos daban a un patio lleno de flores y árboles.

Los jóvenes se registraron en el hotel y, después de ir a sus cuartos, se sentaron en un patio para esperar la salida del rubio. Decidieron que no sería buena idea seguir todos al rubio: lo harían Daniel y Paco. Los demás amigos salieron para visitar Pátzcuaro.

Elena, Miriam y Ramón dieron una vuelta por el pueblo. Vieron el mercado, la iglesia, varias plazas y muchos restaurantes.

– Lo más interesante es el lago –dijo Ramón–. Vamos al muelle para tomar una lancha a Janitzio.

---

1 **llamar la atención** *hier:* interessieren | 9 **la placa** *bes.* Am Autonummer | 20 **un hotel de estilo colonial** Hotel im Kolonialstil | 21 **Los cuartos daban a un patio.** Die Zimmer gingen auf einen Hof. | 22 **registrarse** sich eintragen | 28 **el muelle** Mole | 29 **la lancha** Boot

Durante veinte minutos regatearon con el dueño de una de las lanchas. Por fin, cuando estuvieron satisfechos con el precio, subieron a la lancha. Cansados de haber viajado tanto y de haber descansado poco, casi se durmieron en el corto viaje a la isla. Sólo Miriam estaba suficientemente despierta para ver las redes de pesca y las canoas primitivas de los indios y la isla de Janitzio en la lejanía.

– ¡Qué vista tan bonita! ¿De quién es aquella estatua tan grande en la isla? – preguntó Miriam.

– Es de Morelos –dijo el guía–. Morelos fue un héroe de la Guerra de Independencia. Vivió aquí en Michoacán. Se puede subir hasta la cabeza del monumento.

Llegaron a la isla y empezaron a subir las estrechas calles de tierra. Les interesó ver a unos niñitos jugando con cerditos en la calle.

– ¿Por qué hay tantos cerditos aquí? –preguntó Miriam a un vendedor de refrescos cuando se pararon para tomar una bebida.

– Es que nos gustan los cerdos como animales domésticos –contestó el vendedor–. Son muy divertidos.

Además, si tenemos poco que comer, podemos cebarlos bien y después comérnoslos.

– ¡Qué horror! –exclamó Miriam.

Ramón sonrió. –Miriam, aquí los animales son animales. En otros países ustedes, a veces, tratan a los animales mejor que a las personas.

Discutieron sobre los animales domésticos, hasta que llegaron a la estatua gigantesca de Morelos. Miriam subió hasta la cima de la estatua. Los otros estaban demasiado cansados y la esperaron abajo.

---

2 **satisfecho** zufrieden | 5 **suficientemente** genug | 5 **la red de pesca** Fischernetz | 6 **la canoa** Einbaum | 6 **en la lejanía** in der Ferne | 14 **el cerdito** Schweinchen | 19 **divertido** lustig, amüsant | 20 **cebar** mästen | 27 **gigantesco** riesig | 27 **la cima** Gipfel

– ¡Dios mío! –exclamó Miriam cuando regresó, pálida, y respirando muy hondo–. ¡Es difícil subir y hay poco aire adentro!

– Un día aprenderás que puedes dejar algunas cosas para más tarde –comentó Ramón–. Vamos.

Cuando regresaron al hotel, vieron a Paco y a Daniel sentados en el patio. Daniel estaba dormido y Paco los miraba con ojos medio cerrados.

– ¡Qué perezosos son! ¿Qué pasó? ¿Se quedaron aquí dormidos todo el tiempo?

– Cálmate, Miriam. Esta mañana pensamos que nada iba a pasar –empezó Daniel–. Esperamos aquí hasta la una y media. Por fin, salió Roberto Robo y lo seguimos a una hacienda en las afueras de Pátzcuaro. Cuando el señor Robo tocó a la puerta de la hacienda, salió una señora muy distinguida. Parecía que tenía unos cincuenta años, era baja, delgada y morena. Afortunadamente para nosotros, los dos no se quedaron en la casa. Salieron al patio. Nos escondimos en los arbustos, desde donde pudimos verlos y grabar su conversación. Mientras comían, el rubio y la mujer hablaron de una forma muy cariñosa. Hablaron de los planes para su boda y de un viaje a Europa. Esto es lo que dijo mientras tomaban un cafecito.

Daniel prendió la grabadora:

– A propósito; querida, averigüé muchas cosas acerca de la mina de plata de la cual hablamos el otro día. Cuando estuve en Guanajuato, fui al departamento de minas y también a la mina.

– ¡Seguro que fue a la mina! ¡Allá trató de matar a tío Tony! –interrumpió Elena.

Continuó la grabación: –Mi vida, sólo estoy pensando en ti cuando digo que debes invertir tu dinero en la mina. Es una

---

8 **¿Se quedaron aquí dormidos?** Habt ihr hier (einfach) geschlafen? | 14 **distinguido** vornehm | 19 **cariñoso** liebevoll | 22 **prender** *Am* einschalten | 23 **querida** *hier:* meine Liebe | 28 **la grabación** Aufnahme | 28 **mi vida** mein Schatz | 29 **invertir** investieren

oportunidad que tendremos solamente una vez en la vida. ¡Y, dentro de poco, seremos ricos!

– ¡Son mentiras! –exclamó Ramón– Está robando a la mujer, ¿verdad?

– Me parece que sí. La mujer firmó un cheque de doscientos cincuenta mil pesos –siguió Daniel– ¡Fíjense!

– ¡Es cierto que es un ladrón! –exclamó Elena–. ¿Y qué pasó luego?

– Pues, pasaron mucho tiempo hablando en el patio, pero nunca volvieron a hablar de la mina. Más tarde el señor Robo salió de la casa. Le prometió a la mujer regresar pronto.

Paco continuó:

– Seguimos al señor Robo al hotel, donde lo oímos hacer una llamada por teléfono a Guadalajara. No pudimos entenderlo todo, pero habló del dinero que había recibido de la mujer.

– ¡Yo creo que está robando a muchas mujeres! exclamó Miriam.

– Es posible –dijo Paco–, pero todavía no está claro por qué el tío Tony está metido en todo esto.

– Pues, el tío conoce a Marta Millón. Quizá el señor Robo está robando también a la señora Millón.

– Probablemente. A lo mejor lo sabremos pronto– dijo Ramón–. Tengo hambre. Vamos al comedor. Desde allí podemos ver si sale el señor Robo.

Los muchachos pasaron mucho tiempo en el comedor y en el patio. No apareció el señor Robo. Se quedaron hasta bastante tarde hablando del misterio de la mina y de las otras experiencias del verano.

---

1 **la oportunidad** Chance, Gelegenheit | 9 **Pasaron mucho tiempo hablando...** Sie sprachen lange Zeit ... | 18 **El tío Tony está metido en todo esto.** Onkel Tony ist in diese Geschichte verwickelt. | 22 **probablemente** wahrscheinlich | 22 **a lo mejor** vielleicht

Preguntas

1. ¿Cómo es el hotel donde se alojan en Pátzcuaro?
2. ¿Qué deciden hacer Elena, Miriam y Ramón? ¿Y Daniel y Paco?
3. ¿Qué animales ven en las calles de la isla? ¿Por qué?
4. ¿Adónde siguen Daniel y Paco al señor Robo?
5. ¿Qué hacen los dos muchachos en los arbustos? ¿De qué hablan Roberto y la señora?
6. ¿Qué firma la mujer? ¿A quién se lo da? ¿Para qué?
7. ¿Qué piensan los jóvenes que estaba haciendo el señor Robo?

Conversación

1. ¿Hay en su país muchos animales domésticos? ¿Cuáles? ¿Cree que los tratan bien?
2. ¿Prefiere usted levantarse y acostarse temprano o tarde? ¿Por qué?

12. Un accidente

– ¿Cuánto tiempo nos toma para llegar a Morelia? –preguntó
Elena. Por la mañana habían oído al señor Robo informarse sobre
Morelia.

– Llegaremos en una hora –respondió Paco, bostezando. Casi
no había dormido la noche anterior.

Los jóvenes siguieron al auto del señor Robo por las colinas verdes y fértiles. Pasaron pueblitos y muchas casas con techos rojos.
Por fin llegaron a Tzintzuntzán, un pueblo pequeño donde el señor
Robo paró su coche frente a un viejo restaurante cerca de la plaza
central del pueblo.

– ¿Por qué se para aquí tan cerca de Morelia? –preguntó Elena.

– No sé, pero vamos a estacionar el coche también –dijo Daniel–.
Ven, Elena. Pon la grabadora en tu bolsa y vamos al restaurante.
Quédense ustedes aquí cerca.

Elena y Daniel entraron al restaurante; inmediatamente Miriam
vio un mercado de alfarería en la plaza y miró los jarros y otros
objetos de artesanía con gran entusiasmo.

– No te vayas lejos –le dijo Paco–. Quédate cerca para poder
subir rápidamente al coche.

– Está bien. Sólo voy a comprar un par de cosas a los vendedores
aquí cerca.

– Ay, Dios mío. ¡Esta muchacha con sus compras continuas!
–Ramón se sentó en una banca.

Diez minutos después Roberto Robo salió del restaurante
seguido por Daniel y Elena. Rápidamente Miriam terminó sus
compras y todos empezaron el viaje de nuevo.

– ¿Qué hizo el señor Robo en el restaurante? –les preguntaron a
Daniel y a Elena.

2 **¿Cuánto tiempo nos toma…?** *Am* Wie lange brauchen wir … ? | 13 **estacionar** parken |
14 **Pon la grabadora en tu bolsa.** Steck das Tonbandgerät in deine Tasche. | 17 **el mercado de
alfarería** Töpfermarkt

– Nada de interés –dijo Elena–. Tomó un café e hizo una llamada por teléfono. No pudimos oír nada de la conversación.

– Bien, ya veremos –comentó Miriam antes de exclamar–: ¡Qué
alfarería tiene ese pueblo! El estilo de la cerámica de aquí es muy
distinto del de Tlaquepaque.

Unos minutos después llegaron a Morelia, todavía siguiendo
al coche del señor Robo. Pasaron por el antiguo acueducto, la
elegante catedral con plazas verdes a los dos lados y los portales
donde se venden los famosos dulces de Morelia. Toda la ciudad era
de estilo colonial.*

Continuaron su viaje hasta que llegaron a Santa María, una
colina desde donde se puede ver toda la ciudad. El rubio estacionó
su coche frente a un hotel colonial, entró y usó el teléfono del hotel
para llamar a un huésped.

Pocos minutos más tarde bajó una mujer morena de unos cincuenta años de edad. Estaba vestida con un traje negro y llevaba un
precioso broche de diamantes.

El señor Robo le cogió la mano y los dos salieron al patio del
hotel como un par de enamorados.

Daniel agarró su cámara y Paco, la grabadora.

– ¡Quédense ustedes aquí!

Silenciosamente, los dos se acercaron al patio, escondidos entre
los arbustos y los árboles.

Paco prendió la grabadora. Era casi la misma conversación que
había grabado en Pátzcuaro. Hablaron cariñosamente de su boda
y de sus planes para un viaje a Europa.

Mientras hablaban, Daniel trepó a un árbol cerca del patio para
poder sacar fotos.

El señor Robo habló de inversiones en la mina de Guanajuato.
La señora le firmó un cheque de doscientos cincuenta mil pesos.

---

7 **el acueducto** Aquädukt | 8 **los portales** Säulengang | 14 **el huésped** Gast | 17 **el diamante**
Brillant | 19 **un par de enamorados** Liebespaar | 20 **agarrar** *bes. Am* nehmen | 27 **trepar**
hinaufklettern

En este instante se oyó un ruido seco. Daniel se había caído al patio.

– ¡Ay! –gritó la señora.

El señor Robo se volteó rápidamente y vio a Daniel parándose, con la cámara colgando del cuello.

– ¡Ajá! –rugió el señor Robo. Agarró el brazo a Daniel y le dio un golpe en la mejilla–. ¿Querías sacarme una foto, eh? ¿Para quién haces esto? ¡Dime!

Daniel no dijo nada. Con la mano libre tiró la cámara hacia Paco, que todavía escondido en los arbustos.

El señor Robo sacó un revólver y lo apuntó a Daniel.

– ¡Siéntate! ¿Dónde está la cámara?

– ¿Qué está pasando, Roberto? ¡Un revólver! ¡Dios mío! –exclamó la señora dando unos pasos hacia atrás.

– ¡Cállate! Te lo explico más tarde.

Dando la espalda a Paco, el señor Robo se acercó poco a poco hacia los arbustos, sin quitar la vista de Daniel. De repente, Paco brincó de entre los arbustos y, con toda su fuerza, le dio un golpe en el hombro al señor Robo, haciéndole caer al suelo.

¡Corre, Daniel! –gritó Paco–. Yo tengo la cámara y la grabadora.

Los dos salieron corriendo, subieron al auto y lo pusieron en marcha.

Paco manejaba como un loco mientras Daniel miraba hacia atrás. De repente exclamó: –Maneja más rápido, Paco. Ya viene. ¡Nos está alcanzando!

---

4 **voltearse** *Am* sich umdrehen | 4 **pararse** *Am* aufstehen | 5 **con la cámara colgando del cuello** mit dem Fotoapparat am Hals | 6 **rugir** brüllen | 10 **escondido** versteckt | 11 **el revólver** Revolver | 11 **Lo apuntó a Daniel.** Er zielte damit auf Daniel. | 14 **dando unos pasos hacia atrás** und sie ging einige Schritte zurück | 16 **Dando la espalda a Paco....** Er wandte Paco den Rücken zu und ... | 17 **sin quitar la vista de Daniel** ohne Daniel aus den Augen zu lassen | 17 **Paco brincó de entre los arbustos.** Paco sprang zwischen den Sträuchern hervor. | 22 **Lo pusieron en marcha.** *(poner)* Sie starteten es. | 24 **manejar** *Am* (selbst) fahren

Ramón, Miriam y Elena oyeron de pronto unos disparos y se escondieron en el asiento de atrás.

– ¡Vaya por Dios! –gritó Paco. Más adelante, en medio del camino, estaba un ganadero con unas quince vacas. Con mucha destreza, Paco evitó chocar con las vacas. Pero el señor Robo no las vio con suficiente tiempo. Su auto zigzagueó, chocando con una de las vacas. Todos se quedaron horrorizados al ver el auto voltearse tres veces y pararse abajo, al pie de la colina.

Mientras los jóvenes bajaban de su coche, el ganadero corrió hacia el auto del señor Robo. Cuando llegaron todos, vieron que el señor Robo estaba vivo pero inconsciente.

Paco y Daniel llamaron a una ambulancia y a la policía. En el hospital, los médicos rápidamente llevaron al señor Robo a la sección de cirugía sin decir nada a los jóvenes.

– Llamen ustedes mañana si quieren saber cómo está el paciente. Ahora no podemos decirles nada – les dijo una enfermera.

Después de hablar con la policía, los jóvenes decidieron buscar un hotel y ver Morelia.

En camino a Morelia, discutieron lo que había pasado.

– Bueno, ya sabemos que el rubio está robando a varias mujeres. No cabe duda –dijo Ramón–. Pero todavía no sabemos cómo o por qué el tío Tony se metió en este asunto.

– Tío Tony estaba pintando un retrato de Marta Millón, ¿verdad? –comentó Daniel.

– Sí –respondió Ramón.

– Y sabemos que siente mucho cariño por ella– añadió Elena.

---

1 **de pronto** plötzlich | 1 **el disparo** Schuss | 2 **el asiento de atrás** Rücksitz | 3¡**Vaya par Dios!** Um Gottes Willen! | 4 **el ganadero** Viehzüchter | 5 **la destreza** Geschicklichkeit | 5 **Evitó chocar con las vacas.** Er wich den Kühen aus. | 5 **chocar con** zusammenstoßen mit | 7 **se quedaron horrorizados** sie waren entsetzt | 7 **voltearse** *Am hier:* sich überschlagen | 11 **inconsciente** bewusstlos | 12 **la ambulancia** Krankenwagen | 13 **la sección de cirugía** chirurgische Abteilung | 15 **el paciente** Patient | 19 **en camino a** *Am* unterwegs zu | 21 **No cabe duda.** Es besteht kein Zweifel. | 26 **Siente mucho cariño por ella.** *(sentir)* Er mag sie sehr gern.

– Quizás –dijo Daniel– el tío Tony ha oído una conversación entre Marta y el rubio y estaba preocupado porque ya estaba enamorado de Marta.

– Es posible. No quiere que el señor Robo robe a Marta –dijo Ramón y estacionó el coche frente al Hotel de la Soledad en el centro de Morelia.

Entraron al patio del hotel y vieron una fuente rodeada de árboles y arbustos. Las habitaciones estaban alrededor del patio y los cuartos del segundo piso tenían unos bonitos balcones.

Después de registrarse en el hotel, descansaron. Más tarde Daniel y Elena decidieron dar una vuelta por la ciudad y salieron juntos. Entonces Paco le dijo a Miriam:

– Sé que te gustaría estar sola con Ramón, puesto que pronto regresas a los Estados Unidos. Entonces, me voy…

– Al contrario, Paco –exclamó Miriam–, me gustaría estar con ustedes dos. Me gusta mucho tener a los dos como amigos.

Ramón y Paco se miraron y se rieron.

– En ese caso –dijo Paco–, os invito a los dos a dar una vuelta por la ciudad. Tengo ganas de ver la casa de Morelos.

– ¡Vamos! –respondió Ramón y los dos muchachos salieron con Miriam para visitar la ciudad.

---

4 **No quiere que el señor Robo robe a Marta.** Er will nicht, dass Herr Robo Marta bestiehlt.

Preguntas

1. ¿Por qué quieren ir los jóvenes a Morelia?
2. ¿Qué hace Roberto Robo en el hotel de Morelia? ¿A quién visita?
3. ¿Qué hacen Paco y Daniel mientras tanto?
4. ¿Qué le pasa a Daniel?
5. ¿Por qué tiene el señor Robo un accidente?
6. ¿Saben ahora los muchachos por qué el tío Tony se metió en este asunto? ¿Qué piensan?
7. ¿Qué hacen los jóvenes después de descansar un rato en el hotel?

Conversación

1. ¿Cree usted que no se debe conducir después de tomar bebidas alcohólicas? ¿Por qué?
2. ¿Ha tenido usted algún accidente de automóvil? ¿Puede describir uno?

13. Planes para el futuro

– Llamemos al hospital –dijo Elena por la mañana–. Hay que averiguar cómo está el señor Robo.

– Tienes razón –dijo Daniel–. Entonces sabremos qué hacer.

Cuando llamaron, la enfermera les dijo que habían operado al señor Robo. Tendría que permanecer en el hospital por lo menos tres meses para recuperarse.

Llamaron después al hospital de Guanajuato para contarle al tío Tony todo lo que había pasado.

– Ya está terminado el caso. ¡Gracias a Dios! –exclamó el tío Tony.

– ¿De veras? –preguntó Daniel–. Me alegro mucho, pero todavía hay muchas cosas que no entiendo.

– Les explicaré todo esta noche –dijo el tío Tony–. Voy a salir del hospital esta tarde. Rogelio Riofrío viene para llevarme a Guadalajara. Descansen ustedes un rato y luego vayan a Guadalajara. Los veo en casa esta noche, ¿está bien?

Llegaron a la casa del tío Tony a las seis. Entraron en la sala y saludaron a Rogelio Riofrío y a su tío. El tío Tony tenía la pierna rota apoyada en una banca. Aunque estaba aún muy pálido, tenía mejor aspecto.

– ¡Bienvenidos, jóvenes! –dijo el tío Tony, sonriendo–. Entren. Quiero presentarles a Marta Millón, una pues… , una amiga mía.

– Mucho gusto –dijeron los muchachos.

– Encantada –respondió Marta y miró al tío Tony con afecto.

– Tío, explícanos el misterio. ¿Cómo te metiste en este lío de la mina?

---

5 **operar** operieren | 6 **por lo menos** mindestens | 7 **recuperarse** gesund werden | 20 **apoyado** aufgestützt | 24 **Mucho gusto.** Angenehm! | 25 **Encantada.** Sehr erfreut! | 25 **con afecto** liebevoll | 26**¿Cómo te metiste en este lío?** Warum hast du dich in diese Geschichte eingelassen?

– Primero les agradezco muchísimo el no preguntarme esto antes. Pero ahora pueden saber la verdad. En mayo Marta me pidió que pintara varios retratos y otras pinturas. Empecé como si fuera un trabajo común y corriente, pero, poco a poco, durante los días que pasé con ella, empecé a sentir algo que nunca había sentido antes. Empecé a quererla, pero no le dije nada.

– Un día, mientras yo pintaba –continuó el tío– Roberto Robo visitó a Marta. Hablaron cariñosamente de su boda y otros planes para el futuro. Yo, pues, yo estaba… celoso, aunque no tenía derecho.

– Durante su visita el señor Robo habló mucho de una mina en Guanajuato y de una inversión importante en ella. Todo eso me parecía muy raro. Sabía, por haber trabajado hace muchos años en los negocios, que no se hacen inversiones verdaderas de la forma que Robo sugirió. Sospechaba que algo no estaba bien, y decidí investigar el asunto. Quería evitar un desastre financiero para Marta porque la quería.

El tío miró a Marta con una sonrisa.

Marta añadió:

– Esos días yo también empecé a sentir cariño por Tony. Tampoco le dije nada. Más tarde nos dimos cuenta de que estábamos enamorados. Decidimos que yo debía seguir viendo a Robo para ver si era un ladrón como Tony sospechaba. Por eso salí varias veces con él. Incluso le di un cheque mío para comprobar si Roberto es un ladrón o no.

– ¡Ahá! –exclamó Miriam–. Yo sabía que el tío se metió en esto por amor.

El tío se sonrojó un poco y siguió:

---

2 **Marta me pidió que pintara . . . .** Marta bat mich … zu malen. | 3 **como si fuera un trabajo común** als wäre es eine normale Arbeit | 13 **por haber trabajado** weil ich gearbeitet hatte | 16 **investigar** untersuchen, nachgehen | 16 **el desastre financiero** finanzielle Katastrophe | 24 **incluso** sogar | 24 **comprobar** feststellen | 28 **sonrojarse** erröten

– Después pedí un consejo a Rogelio. Como él es detective privado, sabía qué hacer.

– ¡Abuelo! ¿Tú eres detective privado? –exclamó Ramón, muy sorprendido–. No puede ser. ¡Tú eres abogado!

– Sí. Ramón, era abogado, pero me aburrí y, hace un año, me decidí a cambiar de profesión.

– Rogelio se dedicó a escuchar todas las conversaciones por teléfono de Roberto –continuó el tío Tony–. Y lo observaba todo el tiempo. Rogelio me llamó cada vez que el señor Robo salía de su casa. Por eso recibí esas llamadas misteriosas y salí siempre rápidamente de la casa después de colgar. Lo seguimos muchas veces a las casas de varias mujeres en Guadalajara. Sacamos fotos de ellos y grabamos las conversaciones cuando fue posible.

– Lo seguí también a Manzanillo. Quizá ustedes averiguaron esto. Yo sabía que el señor Robo iba a visitar a Marta en Manzanillo. Por eso Marta y yo decidimos fingir que yo quería pintar un retrato de ella en su bungalow de Manzanillo, pero mi propósito verdadero era, claro, grabar su conversación con Roberto y protegerla. Y así me enteré de cosas importantes.

– Después de varias semanas de investigación sabíamos que, cada vez que Roberto hablaba con una mujer, pasaba siempre la misma cosa. Conversaban cariñosamente y hablaban de inversiones en una mina en Guanajuato. Las mujeres le dieron mucho dinero.

– Entonces, un día, Rogelio oyó que el señor Robo iba a ir a Guanajuato para comprar la mina. Tenía el plan de comprar una mina agotada por un precio barato y de vender acciones caras como si la mina fuera muy rica. Después de registrar la mina en el departamento de minas, pensaba visitar a unas amigas en Morelia y Pátzcuaro para conseguir su dinero.

---

1 **el detective privado** Privatdetektiv | 4 **el abogado** Rechtsanwalt | 11 **colgar** *hier:* auflegen | 27 **la acción** *hier:* Aktie | 28 **como si la mina fuera muy rica** als wäre die Mine sehr reich | 28 **registrar** eintragen

– Rogelio no podía acompañarme a Guanajuato. Por eso decidí ir solo… hasta que ustedes decidieron ir también. Y ya saben lo que pasó después.

– Sí, pero, ¿cómo ocurrió que el rubio trató de matarte? –preguntó Ramón.

– Bueno, como saben, fui al departamento de minas. Unos minutos después de mi salida, el señor Robo llegó también allá. Cuando preguntó acerca de la mina, le dijeron que yo también me había interesado por la mina y que había ido a verla. Él temió que yo me enteraría de su engaño y, así, fue a la mina para matarme.

– Él creía que yo había muerto. Por eso siguió su viaje y a las dos mujeres en Pátzcuaro y Morelia. Fíjense, ¡el señor Robo conoce a unas veinte mujeres que creen que él va a casarse con ellas!

– Veinte hasta que te conocí, ahora diecinueve – interrumpió Marta–. No sé cómo yo podía ser tan estúpida. Hace tres meses le creía a Roberto.

– El señor Robo es muy listo y sabe mentir bien. Además, es guapo, amable con las mujeres, y parece rico –dijo tío Tony–. ¡Fíjense, una vaca terminó su aventura!

– ¿Y qué van a hacer ahora? –preguntó Marta.

– Ahora todo es fácil –explicó Rogelio–. La policía irá al hospital para detener al señor Robo. Estoy seguro de que dentro de poco se verá que él tiene la culpa y acabará en la cárcel.

– Es una lástima gastar todo el verano tratando de terminar este lío –dijo el tío Tony–. ¿Cuándo tienen que regresar a los Estados Unidos?

– La semana que viene –dijo Miriam, muy triste.

– ¿Tan pronto? –preguntó el tío Tony, sorprendido–. Pues, aunque no puedo caminar bien con esta pierna rota, vamos a hacer

9 **Temió que yo me enteraría de …** Er fürchtete, ich würde von … erfahren. | 10 **el engaño** Betrug | 15 **estúpido** dumm | 19 **la aventura** Abenteuer | 22 **detener** festnehmen | 22 **dentro de poco** in Kürze | 23 **Acabará en la cárcel.** Er wird im Gefängnis landen. | 24 **Es una lástima.** Es ist schade. | 29 **roto** gebrochen

muchas cosas durante estos días. Seguramente hay mucho que no vieron aquí.

– Al contrario, tío –respondieron Miriam y Daniel a la vez.

– Gracias a nuestros buenos amigos –continuó Daniel–, vimos toda Guadalajara y, si no fuera por el señor Robo, no habríamos visto Guanajuato, ni Pátzcuaro, ni Morelia. ¡Este verano ha sido inolvidable!

– Amigos –dijo Paco, muy serio–. Para nosotros también ha sido una experiencia inolvidable. Por mi parte, yo no quiero decir adiós. Tenemos que hacer planes para las próximas vacaciones. ¿Qué les parece hacer un viaje a la Ciudad de México?

– ¡Vamos al Yucatán! –sugirió Ramón.

– O a Centroamérica –dijo Elena.

– O vamos a España –dijo Miriam, añadiendo con una sonrisa–: ¡Hay tantas cosas que comprar allá! Me gustaría tener estatuas de don Quijote, botas de vino, jarras para sangría…

– ¡Más compras! –gritaron todos. Todos rieron y empezaron a hacer planes para diez vacaciones por lo menos.

---

5 Si no fuera por el señor Robo, no habríamos visto… Wäre Herr Robo nicht gewesen, so hätten wir … nicht gesehen. | **16 la bota de vino** Lederflasche | **16 la sangría** Rotweinbowle

Preguntas

1. Según la enfermera, ¿cómo está Roberto Robo?
2. ¿Dónde y cuándo van a encontrarse los jóvenes con el tío Tony?
3. ¿Cómo había comenzado el amor entre el tío Tony y Marta?
4. ¿Por qué siguió Marta viendo a Roberto?
5. ¿Qué tiene que ver Rogelio con toda esta aventura?
6. ¿Por qué fue el tío Tony a Manzanillo?
7. ¿Cómo roba Roberto a las mujeres?
8. ¿Qué planes hacen los jóvenes para las próximas vacaciones?

Conversación

1. ¿Le gusta a usted improvisar sus vacaciones o prefiere prepararlas detalladamente? ¿Por qué?
2. ¿Puede usted escribir un breve artículo para el periódico sobre el «verano misterioso»?

Landeskundliche
Anmerkungen

Alhóndiga de Granaditas (Seite 52)

Das alte spanische Wort *alhóndiga* bedeutet «Getreidesilo». Dieses Gebäude in Guanajuato diente zuerst als solches, später als Festung und als Gefängnis.

Als der Unabhängigkeitskrieg 1810 begann, versteckten sich die Spanier in diesem Gebäude, während die Einheimischen versuchten, es zu stürmen. Sie schafften es aber nicht bis zu dem Moment, wo Pípila, der einen großen Fels nutzte, um sich vor den Waffen der Spanier zu schützen, mit einer Fackel zum Getreidespeicher rannte und diesen in Feuer setzte. Die Spanier mussten aus dem Gebäude fliehen. Viele fanden den Tod, auch Pípila, aber es war einer der ersten Siege für die Mexikaner.

¡Bueno! (Seite 20)

In den spanischsprechenden Ländern meldet man sich am Telefon nicht mit dem eigenen Namen, sondern mit unterschiedlichen Wörtern, z.B. «¡Dígame!» („Hallo!", wörtlich: „Sagen Sie mir!") in Spanien. In Mexiko sagt man in der Regel «¡Bueno!», in Kolumbien «¡A ver!», in Argentinien «Hola!».

Entremeses Cervantinos (Seite 59)

„Einakter" oder „Possen" von Cervantes. In Guanajuato, Mexiko, werden im Frühjahr und Sommer diese Szenen in einem alten Patio aufgeführt. Schauspieler sind Studenten und Professoren der Universität von Guanajuato.

Miguel de Cervantes (1547-1616) hat in seinem berühmten Werk «Don Quijote de la Mancha», das mit der Absicht begonnen wurde, den Ritterroman zu parodieren, die Symbolgestalten des spanischen Geistes geschaffen: Don Quijote und Sancho Panza.

Estudiantina (Seite 62)

Die *estudiantina* ist eine Studentengruppe, die ihre Lieder mit Zupf- und Schlaginstrumenten begleitet (Gitarre, Laute, *Bandurria* – eine Art Cister –, Schellentrommel, Maracas – Kürbisrasseln –, Tamburin …).

Diese Studentenkapellen bringen den Mädchen abends oder nachts ihre Ständchen, manchmal spielen sie aber auch auf der Straße oder nehmen an Konzerten und anderen Veranstaltungen teil. Nicht selten bestreiten sie Wettbewerbe gegen andere Universitäten.

Die Mitglieder einer *estudiantina* tragen mittelalterliche Kostüme und lange, schwarze Umhänge. Die bunten Bänder an ihren Umhängen sind entweder Geschenke von Mädchen oder wurden bei diesen Wettbewerben gewonnen.

Guadalajara (Seite 6)

Hauptstadt des Staates Jalisco und zweitgrößte Stadt des Landes, Guadalajara liegt 680 km nordwestlich von Mexiko City und 1540 m über dem Meeeresspiegel. Besondere Sehenswürdigkeiten: die Kathedrale mit ihren byzantinischen Türmen und ihren arabischen, gotischen, korinthischen Elementen; das Kunstmuseum (im Kolonialstil); das Regierungsgebäude mit seinen prächtigen Wandgemälden von José Clemente Orozco; die San Francisco-Kirche mit ihrer Fassade; das *Teatro Degollado*; der Park *Agua azul…*

Guanajuato (Seite 52)

Hauptstadt des gleichnamigen Staates Guanajuato (ursprünglicher Name: *Quanaxhuato* = Froschhügel) liegt 2050 m über dem Meeresspiegel und ist vor allem wegen seiner reichen Gold- und Silberminen bekannt.

Außer mehreren Kirchen, wie z. B. *San Francisco*, die *Basílica Colegiata*, *La Valenciana* (etwas außerhalb der Stadt), sind die *Calle del Beso* und die *Calle Belaunzarán* einen Besuch wert. Die erste

«Kussstraße» ist so schmal, dass sich die Liebenden von Balkon zu Balkon küssen können (s. Seite 61). Die *Calle Belaunzarán* hat zwar viele Häuser, aber gar keine Türen.
S. auch *Alhóndiga de Granaditas*.

Guerra de Independencia (Seite 52)
Krieg der amerikanischen Kolonien gegen das Mutterland Spanien, der 1808 als Folge der Französischen Revolution begann und schließlich mit dem Verlust von Kuba als der letzten Kolonie 1898 endete. Mexiko selbst wurde im Jahr 1821 unabhängig.

Hablando del rey de Roma… (Seite 6)
Siehe *Roma*.

Independencia (Seite 52)
Siehe *Guerra de Independencia*.

Jalisco (Seite 21)
Mexikanischer Bundesstaat im Westen des Landes. Wichtige Orte neben der Hauptstadt Guadalajara sind Ocotlán, Tototlán, Manzanillo, Puerto Vallarta…

Manzanillo (Seite 44)
Kleine, idyllische Hafenstadt mit einem langen und schönen Strand. Urwald, Bananenplantagen und Kokospalmen kennzeichnen die Landschaft um Manzanillo.

Mariachis (Seite 8)
Diese berühmten mexikanischen Instrumentalgruppen verdanken ihren Namen französischen Touristen, die, wenn sie auf der Straße Musik hörten, daran dachten, dass eine Hochzeit (*mariage*) stattfinden würde.

Insbesondere am Samstag und Sonntag finden in vielen Orten Mexikos unzählige *fiestas* statt, bei denen verschiedene Mariachi-Kapellen mit ihren typischen, lebhaften Melodien und Liedern auftreten.

Morelia (Seite 74)
Die Hauptstadt des Staates Michoacán wurde 1541 unter dem Namen *Valladolid* gegründet, sie bekam aber 1828, als Geburtsstadt des Freiheitskämpfers Morelos, ihren jetzigen Namen.
Der rosa-rötliche Stein, mit dem sehr viele Gebäude im Kolonialstil und auch die schöne, barocke Kathedrale gebaut sind, kennzeichnet die Atmosphäre dieser Stadt, in der außerdem das Kolleg von San Nicolás, erste Institution dieser Art in Amerika (heute Universität), und der Äquadukt mit seinen 253 Bögen einen Besuch wert sind.

Pátzcuaro (Seite 66)
Der Pátzcuaro-See und der kleine Ort gleichen Namens liegen südwestlich der Stadt Morelia und knapp 400 km von Mexiko City entfernt.
Der malerische See ist auch wegen der Einbäume mit den riesigen Netzen bekannt (daher deren Name *mariposas* = Schmetterlinge), die die Einheimischen zum Fischfangen benutzen.
Die Insel Janitzio wird von einer riesigen Statue des Freiheitskämpfers Morelos beherrscht. In Pátzcuaro selbst ist das Museo de Arte Popular besonders interessant.

Peso (Seite 12)
Währungseinheit von sieben lateinamerikanischen Ländern (darunter auch Mexiko) sowie von den Philippinen. Ursprüngliche Bedeutung: Gewicht von 8 *reales* zu je 39 Gramm Silber. Der Peso wurde erstmals 1537 geprägt.

Pípila (Seite 52)
siehe *Alhóndiga de Granaditas* und *Guanajuato*.

Roma (Seite 6)
Der spanische Spruch «Hablando de Roma, por la puerta asoma»
entspricht der deutschen Redewendung „Wenn man den Esel
nennt, kommt er gerennt".

Zapopan (Seite 38)
Die „Jungfrau von Zapopan" in der Stadt Guadalajara ist eine
kleine, dunkle Statue, deren Körper aus einem Maiskolben und
deren Kopf aus Holz besteht. Nach der Überlieferung ihrer ersten Erscheinung (1540) brachte sie den Feldern den für eine gute
Ernte notwendigen Regen und Sonnenschein. Heute wird diese
Statue jeden Sommer zu allen Kirchen in Guadalajara gebracht,
um eine gute Ernte zu sichern. Jedesmal, wenn sie zu einer Kirche
kommt, gibt es Paraden, Feuerwerke und religiöse Zeremonien. Es
handelt sich dabei sowohl um ein religiöses wie auch um ein ech-
tes Volksfest.